MÉMOIRE

POUR

LES HABITANTS ET PROPRIÉTAIRES

DE LA

VALLÉE DE L'AZERGUE.

LYON. — IMPR. LE DEMOULIN, RORET ET SIBUET.

MÉMOIRE

POUR

LES HABITANTS ET PROPRIÉTAIRES

DE LA

VALLÉE DE L'AZERGUE,

ET PARTICULIÈREMENT

POUR CEUX DES COMMUNES DE CHESSY,
CHATILLON, LE BREUIL, SAINT-GERMAIN, BULLY, ALIX, CHARNAY,
SARCEY, LÉGNY, BAGNOLS, LE BOIS-D'OINGT, LOZANNE,
CHAZAY, MORANCÉ, LUCENAY, MARCILLY,
LES CHÈRES, CIVRIEUX ET QUINCIEUX;

CONTRE

LA DEMANDE EN AUTORISATION

FAITE PAR MM. PERRET PÈRE ET SES FILS,

D'ÉTABLIR

UNE FABRIQUE D'ACIDES MINÉRAUX ET AUTRES PRODUITS CHIMIQUES

SUR LE TERRITOIRE ET A 1 KILOMÈTRE DE LA COMMUNE DE CHESSY.

LYON,
IMPRIMERIE DE DUMOULIN, RONET ET SIBUET,
QUAI SAINT-ANTOINE, 33.

1844.

MÉMOIRE

POUR

LES HABITANTS ET PROPRIÉTAIRES

DE LA

VALLÉE DE L'AZERGUE,

CONTRE

LA DEMANDE EN AUTORISATION DE MM. PERRET ET SES FILS,

D'ÉTABLIR A CHESSY (RHONE) UNE FABRIQUE D'ACIDES MINÉRAUX

ET AUTRES PRODUITS CHIMIQUES.

Au centre du département du Rhône, au milieu du triangle formé par Lyon, Tarare et Villefranche, il est une vallée aussi renommée par la richesse de son territoire que par le pittoresque de son paysage. Là, des côteaux plantés de fertiles vignobles jusques sur leurs sommités, bordent des champs constamment couverts de chanvre, de céréales, de plantes oléagineuses, et des prairies qui le disputent à celles de la Suisse, pour l'exubérance de leur végétation et l'abondance de leurs produits. Des propriétés d'agrément, des châteaux gothiques, de belles ruines du moyen-âge, disséminés çà et là, y rompent heureusement, avec la rivière d'Azergue et sa magnifique ceinture d'aulnes et de peupliers, l'uniformité de la culture, et impriment à tout le paysage un intérêt artistique, un charme puissant, qui attire chaque année à Chessy et à Châtillon un grand nombre d'étrangers et surtout de peintres, qui viennent y faire des études et y recueillir des matériaux. Une population heureuse et condensée vit dans l'aisance au milieu de cette nature riante et fertile, grâce surtout à la division extrême de la propriété, dont chacun possède une part plus ou moins considérable, et qui fournit à tous au moins le nécessaire, à beaucoup même le superflu.

Rien ne manquerait à la population qui avoisine les bords de l'Azergue, si la nature ne lui eût fait don d'une richesse malencontreuse, en enfermant dans le sol qu'elle cultive et qui fournit à tous ses besoins, des amas considérables de pyrites cuivreuses et ferrugineuses. Cette richesse minérale qui serait une fortune pour beaucoup de pays moins heureusement doués, n'est pour la vallée de l'Azergue, dont l'industrie est toute agricole, qu'une occasion de dommages graves, et pourra devenir une véritable cause de ruine, si l'autorité ne vient en aide à une population menacée dans la jouissance de ce qu'elle possède, et dans son existence elle-même, par l'intérêt particulier maladroitement et bien vainement déguisé sous le nom d'intérêt général.

Jusqu'à ce jour, du moins, le dégât causé par l'exploitation du minerai de cuivre avait été borné; le grillage des pyrites était restreint, il ne pouvait s'opérer qu'en hiver; et si malgré cette mesure restrictive imposée par l'autorité qui avait accordé la concession, une partie des champs voisins de l'usine avait été stérilisée par les vapeurs sulfureuses acides, du moins il y avait des limites assignées au fléau; on avait fait, en quelque sorte, la *part du feu*. La portion du sol rendue improductive et comme frappée de malédiction, faisait bien une tache disgracieuse au milieu de la verdure du paysage, mais toute la population placée en dehors de la ligne aride tracée par les émanations corrosives des pyrites, vivait tranquille avec la certitude que le mal n'irait pas plus loin.

Qu'on juge, d'après cela, quel a dû être l'effroi de cette population, le jour où l'on est venu lui apprendre qu'au grillage des pyrites dont elle avait déjà tant à se plaindre, il était question d'ajouter une fabrique de produits chimiques et particulièrement d'acides minéraux, fondée sur des proportions colossales; surtout, lorsqu'elle a reconnu dans le nom des demandeurs d'une nouvelle concession, celui des industriels qui ont porté le ravage et la destruction dans la presqu'île Perrache, et contre lesquels la ville de Lyon lutte depuis quelque temps avec énergie, dans l'espoir de soustraire une partie notable de ses habitants, aux influences funestes et aux dangers bien réels d'un aussi redoutable voisinage.

De l'inquiétude, et des craintes qui étaient aussi bien fondées, à l'irritation il n'y avait qu'un pas, et l'irritation a été grande! La population des bords de l'Azergue se demandait avec raison, comment on osait seulement émettre la pensée d'introduire dans une contrée aussi fertile et aussi productive, des établissements destructeurs dont on tolère à peine l'existence, dans des lieux incultes et inhabités. Au premier moment, cette fermentation des esprits s'est traduite par des projets de résistance active, et même, nous l'avouerons, par des menaces. Mais bientôt le calme s'est rétabli avec la pensée *qu'il y a des lois en France*, que nous vivons sous un gouvernement conservateur, gardien vigilant de tous les intérêts. Si l'industrie, a-t-on dit, a droit à sa protection, la propriété, de son côté, n'est-elle pas chose sainte et sacrée? Et l'agriculture, après tout, ne doit-elle pas être considérée comme la première, la plus productive et la plus nécessaire des industries?

Les habitants de la vallée de l'Azergue, menacés dans ce qu'ils ont de plus précieux, leur santé et leur fortune, justement inquiets sur leur avenir, viennent donc avec une confiance, bien légitime, soumettre leurs respectueuses doléances à l'autorité. Ils vont exposer les faits dans toute leur simplicité, sans exagération, comme sans aigreur : leurs inquiétudes sont si bien justifiées par les antécédents, leurs plaintes si bien fondées et si justes, leur bon droit si bien établi et si évident, qu'ils se reposent avec la plus parfaite sécurité, dans la justice des corps administratifs chargés de prononcer en définitive, entre l'intérêt d'un seul, l'intérêt et les droits acquis de toute une population.

EXPOSÉ DES FAITS.

Il y a à peu près deux siècles que des mines de cuivre pyriteux furent découvertes à Sain-Bel et à Chessy, communes placées à la distance d'environ 8 kilomètres l'une de l'autre, et qui toutes deux aujourd'hui font partie du département du Rhône.

Bientôt l'exploitation de ces mines fut entreprise : elle a continué avec des succès variables jusqu'à ces derniers temps.

La permission d'exploiter, accordée à ces établissements, fut toujours temporaire et soumise à des restrictions, dans l'intérêt de la santé publique et de la production agricole.

En 1765, une nouvelle permission de trente années fut accordée aux exploitants, les sieurs Blanchet, Jars et Pernon.

Expirée en 1795, cette autorisation dut nécessiter une nouvelle demande qui fut présentée en l'an VI, et souleva de très-nombreuses et de très-vives oppositions.

Le mode d'exploitation du minerai de cuivre employé jusqu'à ce jour, avait, en effet, donné lieu à de graves dommages ; il consistait :

1° A trier le minerai, pour séparer celui qui était riche en cuivre, de la pyrite essentiellement ferrugineuse ou mélangée d'une forte proportion de matière siliceuse. — Ce dernier était rejeté comme inutile et accumulé près de l'exploitation en tas qui, avec le temps, ont fini par devenir de véritables montagnes;

2° A griller à l'air libre le minerai riche en cuivre, en tas qui en contenaient chacun environ 450 kilogrammes. Le nombre de ces tas s'élevait ordinairement à trois; l'opération durait plus de huit mois; pendant toute sa durée, une partie assez considérable du soufre des pyrites, par l'effet de la combustion, passait à l'état de *gaz acide sulfureux*, se répandait dans l'air, se transformait peu à peu en *acide sulfurique* et allait réagir sur la végétation à une distance d'autant plus grande, que la masse des vapeurs sulfureuses était plus considérable. — Une autre partie du soufre se condensait à la partie supérieure des cônes du grillage et était recueillie chaque jour; une certaine proportion de soufre restait encore dans le minerai grillé.

3° A traiter le minerai riche, préalablement grillé, dans des fours à manche, où il se transformait en *mattes*, c'est-à-dire en matière plus riche en cuivre, ce qui résultait de ce que le fer passait dans les scories, soit à l'état d'oxyde vitrifié, soit à l'état de sulfure, pendant qu'une partie du soufre formait de l'acide sulfureux. Ces mattes, après cette première opération, étaient soumises à des traitements successifs dont la durée totale n'était pas moindre d'une année. Chacune de ces opérations donnait encore lieu à une production de vapeurs acides, mais cette production était peu dangereuse, vu la petite proportion de soufre qui restait dans les mattes, et la durée du temps qu'on employait à opérer ces derniers grillages.

4° Enfin, à changer les mattes en *cuivres impurs noirs*, en les passant de nouveau au four à manche, puis en *cuivres marchands* par l'effet d'une dernière opération nommée raffinage.

Les effets fâcheux de ce mode d'opération tenaient essentiellement à ce que les grands grillages en plein air étaient continués durant le printemps et même pendant les mois d'été.

L'administration centrale du département du Rhône prit en considération les justes motifs d'opposition des habitants de la vallée de l'Azergue, et tout en prorogeant pour trente années (le 22 fructidor an VI) la concession primitivement accordée, elle imposa aux concessionnaires, relativement à l'exploitation des mines de cuivre et de vitriol situées à Chessy, « *de ne pouvoir établir de grands grillages et soufreries pour griller le minerai premier, que depuis le 1er brumaire jusqu'au 1er germinal de chaque année,* » c'est-à-dire, pendant les cinq mois d'hiver, et seulement jusqu'à l'époque où la végétation commence à se développer.

Or, il est à remarquer que le temps où l'administration se préoccupait aussi vivement de l'intérêt agricole, était justement celui où la production du cuivre sur le sol français présentait le plus d'importance, vu le besoin beaucoup plus grand de ce métal que nécessitait l'état de guerre, vu surtout la difficulté qu'on éprouvait alors pour se le procurer à l'étranger.

Malgré ces restrictions, les grands grillages continuaient à nuire aux propriétés, ce qui fit que les concessionnaires de la mine instruits par l'expérience, jugèrent prudent de ne pas se reposer entièrement sur leur droit d'exploiter. Dans le but de mettre un terme aux nombreuses demandes d'indemnité qui leur étaient faites pour les dommages produits par les vapeurs des grillages, et reconnaissant d'ailleurs que le mal qu'ils causaient à leurs voisins avait réellement beaucoup de gravité, ils achetèrent à tout prix les propriétés qui les entouraient, afin de former une vaste ligne de démarcation autour des grillages, afin de ne nuire ainsi qu'à eux seuls ou du moins d'éloigner autant que possible le fléau des autres propriétaires.

Malgré cette précaution, des indemnités durent encore être payées aux propriétaires de quelques terrains qui n'appartenaient pas à la compagnie des mines. Avant 1810 on força même les concessionnaires de l'établissement à élever des murs autour des tas de minerai en état de grillage, afin de porter les vapeurs sulfureuses acides à une plus grande hauteur, et de les empêcher de se répandre immédiatement autour de l'exploitation.

La loi du 10 avril 1810, par son article 51, concéda à perpétuité le droit d'exploiter les mines qui avaient été l'objet d'une concession temporaire; mais bien évidemment aux seuls exploitants qui avaient obtenu des concessions régulières. La Compagnie des mines de Chessy était-elle dans cette condition? On peut en douter, car sa concession de l'an VI, pour être valable, devait avoir obtenu l'approbation du directoire exécutif, et rien n'a justifié encore que cette approbation eût été accordée. En admettant qu'elle ne l'a pas été, le droit de concession cédé à MM. Perret serait lui-même de toute nullité.

Quoi qu'il en soit, l'exploitation du minerai de Chessy a été continuée jusqu'à ces derniers temps à peu près dans les conditions où elle se trouvait à l'époque du décret de 1810. Pendant quelques années cette exploitation a même été poussée avec une très-grande activité et a donné de très-beaux bénéfices, sans cependant augmenter les dommages précédemment causés aux propriétés voisines ; mais cela tenait à une circonstance toute exceptionnelle : la plus grande partie du minerai traité alors n'était pas du *cuivre pyriteux*, mais bien un mélange de *carbonate et d'oxyde cuivriques*, composés très-riches en métal, dont l'exploitation était très-simple, très-facile et qui ne donnaient nullement lieu durant leur traitement à un dégagement de vapeurs sulfureuses acides.

L'oxyde et le carbonate de cuivre une fois épuisés, le traitement du cuivre pyriteux n'a pas présenté les mêmes avantages ; peu à peu même les produits de l'exploitation ont diminué, et les propriétaires de la mine, découragés du peu de résultat qu'ils obtenaient soit à Sain-Bel, soit à Chessy, se sont déterminés à mettre en vente les deux usines, y compris leur droit d'extraction et d'exploitation.

MM. Perret père et fils, qui exploitaient avantageusement depuis plusieurs années (pour en préparer de l'acide sulfurique et du sulfate de cuivre), le minerai pauvre de Sain-Bel, transporté dans leur établissement de la presqu'île Perrache, à Lyon, c'est-à-dire, à *environ 30 kilomètres du lieu de son extraction*, eurent alors la pensée, dans l'espérance bien naturelle et bien fondée, d'obtenir des bénéfices plus importants, comme aussi dans la prévision, que la ville de Lyon les forcerait tôt ou tard d'abandonner cette localité, d'opérer leur fabrication à *l'origine de la matière première*, soit à Sain-Bel, soit à Chessy.

En conséquence, MM. Perret, firent d'abord l'acquisition de la mine de Sain-Bel, au prix de 500,000 francs.

Plus tard, soit parce que Chessy est plus rapproché de Lyon que Sain-Bel, soit pour éviter une concurrence dans l'extraction de l'acide sulfurique des pyrites, concurrence qui était sur le point de s'établir, MM. Perret achetèrent aussi la mine de Chessy au prix de 155,000 francs.

Une fois maîtres des deux seules exploitations de pyrites cuivreuses que possède le département du Rhône, MM. Perret songèrent, comme cela devait être, à en tirer le meilleur parti possible, et par conséquent à opérer sur les lieux mêmes la fabrication de l'acide sulfurique avec les pyrites, en donnant à cette fabrication toute l'extension que peut comporter le placement de ses produits. Ils avaient à Sain-Bel un lieu aride et isolé (le Pilon), où leur usine pouvait être établie; mais ils donnèrent la préférence à Chessy, sans doute, comme nous l'avons déjà dit, par la raison que cette dernière localité est plus rapprochée de Lyon que la première, ce qui devait rendre nécessairement plus facile et moins coûteux le transport des produits de la fabrique projetée.

Une autre raison, comme nous l'avons déjà fait pressentir, une raison bien plus puissante, dut ne laisser à MM. Perret aucune hésitation sur le choix du local où ils voulaient placer le centre de leurs opérations. Nous avons dit qu'il y avait autour de la mine de Chessy, de véritables montagnes de *pyrites de rebut*, successivement abandonnées depuis l'origine de l'exploitation, comme trop pauvres pour en retirer le cuivre : or ce minerai, principalement composé de sulfure de fer, s'il était pauvre en cuivre, était au contraire *riche en soufre*, ainsi que nous l'établirons bientôt, et pouvait fournir pendant bien longtemps, *sans aucune dépense d'extrac-*

tion, à l'alimentation d'une vaste fabrique d'acide sulfurique, lors même qu'elle serait établie comme celle qui était projetée par MM. Perret, sur des dimensions colossales et tout-à-fait inconnues jusqu'à ce jour.

MM. Perret ne tardèrent pas, en conséquence, à former une demande en autorisation d'établir sur le territoire de la commune de Chessy, une fabrique d'acide sulfurique, et de divers autres produits chimiques, pour la préparation desquels on consomme d'énormes quantités de cet acide, c'est-à-dire d'acide chlorhydrique ou muriatique, de sulfate de soude, et secondairement, de soude artificielle, de chlorure de chaux, etc.

S'inquiétant peu de la richesse agricole du pays où ils voulaient fonder leur établissement, et du ravage qu'ils pourraient y produire, MM. Perret avaient projeté la plus vaste et la plus redoutable exploitation d'acides minéraux qui se puisse établir. C'est ce qui résulte des termes mêmes de leur première demande dans laquelle ils disaient : « que la production dans leur établissement ne devait *point être bornée; qu'on ne devait lui assigner d'autres limites que celles qui résultent naturellement de la possibilité d'étendre cette même production.* »

MM. Perret, du reste, se préoccupaient fort peu de la pensée d'atténuer par des procédés nouveaux et moins dangereux pour leurs voisins, le mal qu'ils devaient produire; ils disaient explicitement dans cette même demande, qu'ils *emploieraient les modes de fabrication et les systèmes d'appareils généralement usités.* — Quant aux *produits secondaires* à l'acide sulfurique, MM. Perret, toujours dans cette première demande, déclaraient de la manière la plus positive, *que leur fabrication était indispensable*, pour trouver l'emploi de l'acide sulfurique qui ne pourrait être consommé en nature, à la préparation du sulfate de cuivre dans l'établissement, ou absorbé par le commerce, c'est-à-dire par la consommation générale.

Le conseil de salubrité du département du Rhône, consulté par M. le Préfet sur la demande en autorisation faite par MM. Perret, jugea la question très-grave soit par rapport à la nature de l'usine que ces industriels voulaient fonder à Chessy, soit à cause de la richesse agricole de la vallée de l'Azergue, soit surtout en raison des plaintes incessantes portées contre leur fabrique de Perrache.

Après avoir visité les lieux où MM. Perret voulaient fonder leur usine, le conseil de salubrité nomma une Commission composée de trois membres, pour étudier la question avec soin et lui faire un rapport au sujet de la demande de ces fabricants de produits chimiques. Cette Commission se rendit deux fois à Chessy, se livra à une investigation minutieuse de la localité, écouta les plaintes des habitants de la vallée de l'Azergue, qui s'étaient réunis en grand nombre à la nouvelle de sa visite, et donna aussi toute son attention aux raisons que faisaient valoir MM. Perret à l'appui de leur demande; puis, avant de faire son rapport définitif au conseil, elle lui présenta des conclusions qui furent immédiatement mises en délibération.

Dans ses conclusions provisoires la Commission, se fondant sur l'importance agricole de la vallée de l'Azergue, et sur les dangers des émanations produites par les fabriques *d'acide muriatique (chlorhydrique)* de *sulfate de soude*, de *soude artificielle*, *d'acide nitrique*, de *chlorure de chaux*, etc., proposait au conseil de repousser toute autorisation à l'égard de la fabrication de ces produits, fabrication secondaire à celle de l'acide sulfurique.

Cette première partie des conclusions de la Commission fut adoptée à l'*unanimité*, après une très-courte discussion.

Quant à la seconde partie, à la fabrication de l'acide sulfurique seulement, la Commission s'exprimait à peu près ainsi : « Votre
« Commission est convaincue que la seule fabrication de l'acide
« sulfurique, dans le cas d'une extension très-grande, exten-
« sion qui est une nécessité, s'il s'agit d'exploiter, par le procédé
« de MM. Perret, le minerai de cuivre pyriteux ainsi que les mas-
« ses considérables de pyrites accumulées depuis deux siècles près
« de leur établissement, *compromettrait gravement* la prospérité
« agricole des communes environnantes et pourrait même devenir
« *incommode et insalubre* pour les habitants de Chessy. D'après ces
« considérations, votre Commission est d'avis *qu'il n'y a pas lieu*
« *d'autoriser* MM. Perret à établir sur le territoire de la commune
« de Chessy, et sur les lieux destinés à l'exploitation de la mine
« de cuivre, *une fabrique d'acide sulfurique*, même sans y com-
« prendre les produits secondaires, comme le sulfate de soude,
« l'acide chlorhydrique, etc. »

Cette seconde partie des conclusions de la Commission trouva de l'opposition dans le conseil, particulièrement de la part d'un membre qui est en même temps ingénieur des mines du département. Tout en reconnaissant qu'il n'y avait pas lieu de permettre l'établissement à Chessy d'une simple fabrique d'acide sulfurique, on fit remarquer que le procédé de MM. Perret permettrait de continuer l'exploitation du cuivre et que c'était le seul moyen de ne pas voir cesser définitivement cette exploitation. On dit encore que les habitants gagneraient plus qu'ils ne perdraient à l'établissement de la fabrique d'acide sulfurique, car le mode d'exploitation du cuivre employé par MM. Perret, *dispenserait des grands grillages à l'air libre*, d'où il résulterait l'expansion dans l'air d'une *bien moindre quantité d'acide sulfureux*, lequel serait condensé à l'état d'acide sulfurique dans les chambres de plomb.

Ces raisons étaient *plus spécieuses que vraies*, comme nous le prouverons bientôt par des faits, et la Commission les combattit avec fermeté et d'une manière péremptoire durant plusieurs séances. Toutefois une majorité se prononça contre sa seconde conclusion. Cette décision contraire à l'opinion de la Commission, opinion formée après une étude approfondie de la question, détermina cette Commission à se dissoudre, et son rapporteur à ne plus se charger du travail qui lui était imposé.

Le Conseil de salubrité nomma alors une nouvelle Commission, prise parmi la majorité, et cette Commission désigna comme rapporteur M. l'ingénieur en chef des mines du département du Rhône.

Le rapport de la nouvelle Commission, à la suite d'une longue discussion, et après avoir été modifié dans plusieurs parties, fut adopté par la majorité du Conseil, ainsi que les conclusions suivantes :

« En conséquence du présent rapport, et considérant que le mode de traitement des minerais de cuivre suivi depuis longues années, par les anciens concessionnaires, a toujours été regardé comme dûment autorisé par le fait même de l'acte de concession de la mine de Chessy, et qu'il continue de peser sur cette portion de la vallée, comme une servitude d'autant plus onéreuse, *qu'aucune limitation* (1) ne lui a jamais été assignée.

« Considérant que le mode de traitement adopté par les nouveaux concessionnaires ne saurait exercer d'influence pernicieuse que dans un rayon très-restreint, et qu'il ne peut sans aucune comparaison qu'être beaucoup moins préjudiciable aux intérêts des habitants du voisinage.

« Considérant néanmoins que ces intérêts ne sauraient réellement bénéficier de l'introduction du nouveau traitement, qu'autant que les anciens grillages à l'air libre ne pourraient être à l'avenir effectués simultanément avec les grillages en vases clos.

Considérant que le remplacement de procédés mal conçus, insuffisants, par des procédés rationnels et en rapport avec les grands progrès de la chimie, peut seul permettre désormais de tirer parti de la presque totalité du minerai que renferme encore le gîte de Chessy, tellement que l'introduction de ces procédés doit même être regardée comme une condition vitale pour cette mine.

« Considérant que la fabrication de l'acide sulfurique au moyen des pyrites est une portion intégrante, et, en quelque sorte même, la base du nouveau traitement.

« Considérant qu'il importe de soumettre cette nouvelle fabrication à certaines précautions déterminées.

« Considérant encore que dans le but de rassurer les nombreux opposants, et sans qu'il doive en résulter aucune entrave ruineuse pour l'industrie des demandeurs, il convient de fixer des LIMITES PROVISOIRES à la production de l'acide sulfurique.

---

(1) Cette affirmation, comme on le verra plus loin, est une erreur.

« Relativement à la fabrication des produits secondaires, sulfate de soude, acide muriatique, sous-carbonate de soude, acide nitrique et chlorure de chaux :

« Considérant que cette industrie doit être regardée comme entièrement indépendante du traitement des minerais de cuivre.

« Considérant qu'elle est *incommode et insalubre au premier chef*, et que *dans le cas même où toutes les précautions seraient prises* pour la condensation de l'acide chlorhydrique, *il se dégagerait forcément des quantités considérables de cet acide qui porteraient* la dévastation dans le voisinage.

« Considérant enfin que l'on ne saurait invoquer *aucun motif valable* en faveur de l'établissement d'une semblable usine *au sein d'une riche et populeuse vallée*; nous avons l'honneur de vous proposer l'adoption des conclusions suivantes.

1° Le conseil est d'avis qu'il y a lieu d'autoriser les sieurs Perret père et fils à établir sur l'emplacement des anciens tas de grillages de la mine de Chessy, dans le centre du périmètre tracé sur le plan annexé à la demande, une fabrique d'acide sulfurique, pour laquelle seraient exclusivement employées les pyrites de la mine.

« Toutefois la capacité des chambres de plomb ne pourrait PROVISOIREMENT DU MOINS, et sous la réserve de l'obtention d'une autorisation nouvelle, dépasser SIX MILLE MÈTRES CUBES! Il serait de plus interdit aux demandeurs de faire marcher simultanément les deux modes de traitement des pyrites, ou plus explicitement, les grillages des minerais et des mattes, à l'air libre et en vases clos; sans que l'usage de l'un des procédés pût néanmoins faire périmer les droits de se servir de l'autre, quelle qu'eût été la durée de son interruption.

« Une cheminée de 25 mètres de hauteur devra encore recevoir les gaz et les vapeurs, provenant du travail; des chambres seront en outre établies ainsi qu'il est pratiqué dans diverses usines, pour la condensation complète autant que possible des vapeurs d'acide sulfurique provenant de l'opération de la concentration.

« Enfin, il ne serait permis de laisser écouler dans la rivière de l'Azergue les eaux vitrioliques provenant du traitement des minerais de cuivre, qu'autant que par l'intervention de la *chaux*, elles auraient été dépouillées de leurs oxydes métalliques et rendues ainsi sensiblement inoffensives.

2° Le conseil est d'avis qu'il y a lieu de rejeter la deuxième partie de la demande, concernant la fabrication du sulfate de soude, de l'acide muriatique, du sous-carbonate de soude, de l'acide nitrique et du chlorure de chaux.

Lyon, 27 décembre 1842.

EXAMEN
DES CONCLUSIONS DU RAPPORT
ADOPTÉ
PAR LE CONSEIL DE SALUBRITÉ
DU DÉPARTEMENT DU RHÔNE.

Si l'on compare les conclusions du rapport fait au Conseil de salubrité par la première Commission, avec celles du rapport de la seconde Commission, adopté définitivement, il est impossible de ne pas être frappé du contraste qu'elles présentent, relativement à la pensée, à l'esprit qui les a dictées. Dans les conclusions du premier rapport, il est évident qu'on se préoccupe surtout des intérêts agricoles de la vallée de l'Azergue, comme aussi de la santé des habitants de Chessy et des communes environnantes. Dans le second, au contraire, ce dont on s'inquiète essentiellement, c'est de l'avenir de la mine de Chessy, c'est de la production du cuivre. Si l'on s'y préoccupe des inconvénients et des dangers que peuvent avoir à redouter l'agriculture et la santé publique dans la vallée, c'est seulement lorsqu'il s'agit de repousser la fabrication des produits accessoires à l'acide sulfurique, c'est-à-dire, du sulfate de soude, de l'acide muriatique, de la soude artificielle, de l'acide nitrique et du chlorure de chaux, fabrication que le Conseil de salubrité, en masse, était bien décidé à ne pas tolérer dès le premier examen de la question. — Mais, s'agit-il de fabriquer l'acide sulfurique, afin d'extraire le cuivre des pyrites, toutes les appréhensions de la seconde Commission disparaissent à l'égard de la vallée de l'Azergue et de ses habitants; on ne pense plus alors à cette riche contrée agricole, au grand nombre et au rapprochement des communes qu'elle renferme, à la disposition défavorable des lieux; on ne redoute plus les vapeurs acides; on ne s'effraie pas enfin de permettre l'élévation de SIX MILLE MÈTRES CUBES DE CHAMBRES DE PLOMB! développement qui représente 5 ou 6 fois celui des plus vastes fabriques connues. Bien plus, on va même jusqu'à prévoir que cette fabrique colossale ne suffira pas un jour à la production du cuivre, et par l'interjection du mot PROVISOIREMENT, on laisse entrevoir la possibilité d'une fabrication sans limites dans l'avenir. Et tout cela, pourquoi ? Pour faciliter, pour favoriser la production du cuivre. Cette tendance, non avouée, mais bien évidente à protéger la production métallurgique, ressort d'ailleurs à chaque ligne du rapport adopté par le Conseil, aussi bien que dans ses conclusions. Donner du cuivre à la France ! tel est le grand intérêt qui préoccupe la majorité du Conseil de salubrité : périsse pour cela, s'il le faut, toute une riche contrée agricole !

Heureusement pour les habitants de la vallée de l'Azergue *il y a des juges* pour apprécier ce que valent les raisons produites par le conseil de salubrité, pour autoriser la fabrication de l'acide sulfurique à Chessy; heureusement il sera facile de démontrer que la fabrication qu'on croit devoir autoriser, ne sera pas moins dangereuse, le sera même davantage, que les fabrications secondaires qu'on repousse, d'ailleurs avec tant de raison; heureusement encore, il ne sera pas moins facile de prouver que l'Etat, en ce qui regarde la production du cuivre, n'est nullement intéressé à accorder l'autorisation sollicitée par MM. Perret; heureusement, enfin, qu'il sera bien moins difficile encore de montrer qu'il y a dérision à prétendre que la fabrique projetée par MM. Perret serait, en ce qui touche les habitants de Chessy et de la vallée de l'Azergue en général, un progrès, une véritable amélioration, bien préférable pour eux à l'exploitation du minerai de cuivre, telle qu'elle a été pratiquée jusqu'à ce jour.

Mais avant d'arriver à l'examen des différents points de la question générale soulevée par la demande de MM. Perret; avant de fournir les preuves qui doivent militer victorieusement contre les conclusions du conseil de salubrité favorables à cette demande, il ne sera pas inutile de revenir encore sur l'importance de la vallée de l'Azergue, et d'insister sur la protection qu'elle a droit d'attendre de l'autorité, en raison même de cette importance.

1° Importance de la vallée de l'Azergue. — Fâcheuse disposition des lieux, relativement à l'expansion des vapeurs corrosives de la fabrique projetée par MM. Perret.

Les environs de *Chessy* et de *Châtillon* constituent la plus belle, la plus pittoresque et la plus riche partie de la vallée de l'Azergue.

Autour de ces deux communes, qui, par leur rapprochement n'en forment, pour ainsi dire, qu'une seule, fatalement liée à la mine de cuivre et à l'exploitation de son minerai, se trouvent groupées et rapprochées dans un rayon de cinq kilomètres, neuf autres communes, c'est-à-dire, *Le Breuil*, *Sarcey*, *St-Germain*, *Bully*, *Legny*, *Bagnols*, *Alix*, *Charnay* et le *Bois-d'Oingt* : en tout onze communes.

Indépendamment de ces onze communes placées dans le rayon légal d'opposition (5 kilomètres), huit ou dix autres, telles que *Lozanne*, *Chazay*, *Morancé*, *Lucenay*, *Marcilly*, *Les Chères*, *Civrieux*, *Quincieux*, qui bordent la rivière de l'Azergue, au-dessous de Chessy, se trouvent aussi vivement intéressées à ce que l'autorité n'accorde pas à MM. Perret l'autorisation qu'ils ont sollicitée : on verra bientôt pour quel motif.

Les onze communes placées dans le rayon légal d'opposition

(5 kilomètres) possèdent environ 7,500 hectares en prés, vignes, terres arables, etc., d'une très-grande fertilité et d'une très-grande valeur, puisque le terrain s'y vend en moyenne au prix de *dix à douze mille francs l'hectare*, ce qui représente un capital de 75 *à* 90 *millions* et un revenu (seulement à 3 p. 0/0), de 2 *millions deux cent vingt-cinq mille francs*, à 2 *millions sept cent mille francs*.

Ces onze communes ne comptent pas moins de 10,000 âmes de population, et ce nombre tend incessamment à s'accroître, depuis que deux belles routes départementales (indépendamment de la route royale de Paris qui en est très rapprochée), celle de Lyon à la montagne, par Chessy, et celle de Tarare à Villefranche, ont rendu les communications très-faciles, soit avec Lyon, soit avec tous les autres points du département du Rhône.

Le bourg de Chessy, particulièrement, point central des onze communes et près duquel viennent s'entrecroiser les deux nouvelles routes départementales, paraît depuis quelques années devoir prendre un développement considérable; aussi est-il devenu nécessaire, dans l'intérêt des communes environnantes, d'y établir des foires et un marché périodique, qui sont fréquentés par une grande affluence de vendeurs et d'acheteurs.

Une autre cause tend encore à accroître le bien-être et par conséquent le chiffre de la population des communes de la vallée de l'Azergue, c'est la diffusion de la fabrique de soieries de Lyon dans les campagnes du département, diffusion produite par la nécessité pour le fabricant lyonnais de diminuer le prix de la main-d'œuvre des étoffes unies, afin de pouvoir lutter, à cet égard, avec les fabriques de la

Suisse. — De nombreux ateliers de soieries se sont particulièrement établis à Chessy, et tout annonce pour cette commune un grand développement de cette industrie dans un avenir peu éloigné (1).

Tel est pourtant le pays qu'il est question de livrer aux ravages des vapeurs acides d'une fabrique de produits chimiques!

Cette fabrique, du moins, serait-elle assez éloignée des terres en culture et des habitations, pour que les vapeurs qu'elle émettra ne puissent que difficilement y atteindre? Nullement : le lieu où elle doit être construite est entouré de vignes; plusieurs habitations isolées n'en sont éloignées que de 150 mètres ; — la grange *Baronnat* n'en est pas distante de plus de 200 mètres; — le château de Courbeville, enfin, et le bourg de Chessy *n'en sont séparés que par la distance d'un kilomètre!*

A tout cela il faut ajouter encore que la diffusion des vapeurs acides dans la masse de l'atmosphère, serait très-difficile dans cette localité, car la vallée de l'Azergue est étroite, particulièrement à Chessy et à Châtillon, et se trouve bordée par deux montagnes qui retiendraient nécessairement les émanations corrosives de la fabrique de MM. Perret, émanations qui ont de la tendance à se précipiter, par l'effet de leur solution dans l'humidité atmosphérique. Tout ce qui ne tomberait pas, d'ailleurs, dans la

---

(1) L'exploitation des mines de Chessy a-t-elle contribué en quelque chose au développement de la population et de son bien-être, soit dans cette commune, soit dans les communes environnantes? Les faits prouvent le contraire : c'est, en effet, depuis que l'exploitation du cuivre est tombée en décadence, que s'est surtout manifesté l'état de prospérité croissante dont il vient d'être fait mention.

vallée, irait nécessairement réagir sur les vignobles des coteaux, et produirait des résultats déplorables, particulièrement dans le temps de la floraison. On sait, en effet, que c'est surtout à cette époque de la végétation, que les vapeurs acides sont redoutables pour la vigne ; non seulement on les regarde comme capables d'exercer une influence fâcheuse sur la qualité des vins, mais elles peuvent surtout, en altérant la fleur, si elles sont abondantes, empêcher la fécondation, la formation du fruit, et, par suite, diminuer notablement le produit de la récolte. — Cet effet des vapeurs acides est tellement redouté, qu'il est généralement d'usage, particulièrement dans la vallée de l'Azergue, de ne permettre le travail des fours-à-chaux, que depuis la fin des vendanges jusqu'au commencement du développement des bourgeons de la vigne. — Or, si la petite quantité de vapeurs acides que produit la combustion de la houille dans les fours-à-chaux peut exercer une influence nuisible relativement à la qualité et à la quantité du vin, que ne doit-on pas redouter des émanations d'une fabrique telle que celle de MM. Perret, émanations bien autrement corrosives et qui se répandront par torrents dans la vallée!

2° Doit-on permettre l'établissement d'une vaste fabrique de produits chimiques dans la vallée de l'Azergue?

Le Conseil de salubrité, d'un avis unanime, a reconnu toute l'importance agricole du pays où MM. Perret veulent fonder leur fabrique, car il est dit dans le rapport de la majorité (et quant à

la minorité son opinion n'est pas douteuse) : « que *la vallée de
« l'Azergue est justement renommée par son heureuse situation,
« ainsi que par l'abondance et la richesse de ses produits.* »

Dans une autre partie du même rapport, cette opinion est encore exprimée d'une manière plus nette et plus explicite, en même temps qu'on y fait ressortir tous les dangers qui résulteraient pour un pays aussi fertile, de la mise en activité d'une fabrique d'acides minéraux :

« Il s'agit de savoir, dit ce rapport, si l'on doit véritablement
« A PRIORI laisser installer au centre d'une *riche et populeuse vallée*
« une grande usine de produits chimiques, c'est-à-dire, un de ces
« établissements dont la grande utilité est sans doute incontestable,
« *mais qui n'en sont pas moins de* VÉRITABLES FLÉAUX pour le
« voisinage, et doivent par suite, autant que possible, *être éloi-*
« *gnés des contrées populeuses et d'une belle culture.* »

Il n'y a donc pas à en douter ; nul pays n'était moins propre que la vallée de l'Azergue, et particulièrement que la commune de Chessy, pour y établir une vaste fabrication de produits chimiques.

Le Conseil de salubrité ne pouvait donc hésiter à cet égard ; aussi a-t-il rejeté à l'unanimité, de prime-abord et sans hésitation aucune, l'autorisation demandée par MM. Perret de fabriquer à Chessy de l'*acide muriatique*, du *sulfate de soude*, de la *soude artificielle*, de l'*acide nitrique* et du *chlorure de chaux*. Et il faut bien remarquer qu'il ne s'agissait pas d'une fabrique où l'on dût laisser se répandre et se perdre dans l'air les gaz acides provenant de la fabrication de plusieurs de ces produits; mais qu'il était formellement exprimé dans la demande en autorisation que ces gaz seraient condensés, dissous, et qu'on ne les laisserait pas se répandre dans l'atmosphère.

Cette promesse de condenser les vapeurs acides faite par MM. Perret, ne rassurait donc nullement le Conseil de salubrité, car la majorité, dans son rapport, s'exprimait ainsi à l'égard de la fabrication de l'acide muriatique (acide chlorhydrique) et par conséquent du sulfate de soude et de la soude artificielle.

« Considérant que cette industrie est *incommode et insalubre*
« au PREMIER CHEF, et que, dans le cas même où *toutes les*
« *précautions seraient prises pour la condensation de l'acide*
« *chlorhydrique, il se dégagerait encore forcément des quantités*
« *considérables de cet acide, qui porteraient la* DÉVASTATION DANS
« LE VOISINAGE ;

« Considérant enfin que l'on ne saurait invoquer AUCUN MOTIF
« VALABLE en faveur de l'autorisation d'une semblable usine, *au*
« *sein d'une riche et populeuse vallée*, etc. »

Assurément on ne peut qu'applaudir à la prudence du conseil de salubrité, qui ne se laisse pas séduire par la promesse si facile à éluder que les vapeurs acides seront condensées dans la fabrication projetée par MM. Perret, et qu'elles ne pourront en conséquence se répandre au dehors de l'usine; le conseil savait en effet ce que valait une semblable promesse: ce qui se passe à Perrache le lui avait appris!

Mais comment ce conseil oublie-t-il ses appréhensions si justement fondées, quand il s'agit de la fabrication de l'acide sulfurique par le grillage des pyrites? Les vapeurs de l'acide sulfurique sont-elles moins corrosives que celles de l'acide chlorhydrique? Est-il possible de fabriquer cet acide par le procédé de MM. Perret sans qu'il se répande au dehors des vapeurs d'acide sulfureux et d'acide sulfurique? A-t-on plus de raison de compter sur la stricte exécution de la promesse faite par MM. Perret de condenser les vapeurs acides de leur fabrique quand il s'agira seulement de l'acide sulfurique? — Non, certes, doit-on répondre à toutes ces questions, ainsi qu'on le verra bientôt !

D'où vient donc alors que le conseil repousse la fabrication de l'acide chlorhydrique et pense qu'il y a lieu de permettre celle de l'acide sulfurique? — Le voici : c'est *qu'on ne peut invoquer*, comme on vient de le lire dans un des considérants du rapport, AUCUN MOTIF VALABLE en faveur de la première industrie chimique, et qu'il y a au contraire UN MOTIF VALABLE pour permettre la seconde, c'est-à-dire la fabrication de l'acide sulfurique. Or, ce motif valable, on le devine facilement, *c'est la production du cuivre !*

Ainsi donc le conseil de salubrité qui déclarait *à priori*, c'està-dire, d'après les lois, d'après la justice, d'après l'intérêt d'une nombreuse population et par conséquent d'après l'intérêt général, qu'une fabrique de produits chimiques ne peut être autorisée dans la vallée de l'Azergue, oublie bientôt ce qu'il a ainsi posé en principe, et regarde comme une décision juste et raisonnable de permettre l'établissement d'une fabrique chimique (*et quelle fabrique ! cinq ou six fois plus considérable que celle de Perrache !*) tout simplement parce qu'il y a un *motif valable*, c'est-à-dire la *production du cuivre.*

Un motif valable de blesser la justice, de porter le ravage et la désolation dans une riche et populeuse vallée!

On verra bientôt au surplus que ce prétendu *motif valable n'existe pas;* que la production du cuivre en France, n'est *nullement intéressée* à ce qu'on accorde ou n'accorde pas l'autorisation demandée par MM. Perret.

Mais d'abord il est nécessaire, il est indispensable d'établir, ce qui sera du reste très-facile, que la fabrication autorisée par le conseil de salubrité, ne serait pas moins dangereuse pour la commune de Chessy et tout son entourage, que la fabrication de l'acide chlorhydrique, du sulfate de soude et de la soude artificielle; et même qu'elle le serait davantage, pour les propriétaires riverains de l'Azergue, depuis le voisinage de la mine jusqu'à l'embouchure de cette rivière dans la Saône.

3° La fabrication de l'acide sulfurique, par le grillage des pyrites, sera-t-elle moins dangereuse pour les habitants de la vallée de l'Azergue que les diverses fabrications chimiques repoussées par le Conseil de salubrité ?

La fabrication dont le conseil de salubrité a pensé qu'il était possible de permettre l'établissement à Chessy est-elle une simple fabrication d'acide sulfurique?

Non certainement : le travail chimique dont l'introduction à Chessy est projetée par MM. Perret, présente pour les voisins *des inconvénients bien plus graves* que ceux de la simple fabrication de l'acide sulfurique, fabrication considérée déjà avec juste raison comme un travail *incommode et insalubre au premier chef*, aussi bien et même bien plus que la préparation de l'acide chlorhydrique en vases clos.

Voici comment le procédé de MM. Perret est décrit dans le rapport adopté par le conseil de salubrité.

« La *pyrite* (sulfure de cuivre et de fer) doit être préalablement
« grillée dans des fours spéciaux, dont *l'acide sulfureux* produit
« sera dirigé dans des chambres de plomb, où, sous l'action
« de vapeurs d'acide nitrique elle se convertira en acide sulfuri-
« que. — *Restera dans le four une masse grillée*, d'où l'on aura
« expulsé de la sorte les 2/5 au moins de la totalité du soufre, et
« que, dans le cas où le minerai serait d'une *certaine richesse*, l'on
« pourrait à la rigueur *traiter par la voie sèche*, au four à manche,
« ou mieux au four à réverbère. Mais pareille richesse ne saurait
« être qu'exceptionnelle, et il conviendra généralement d'employer
« la voie humide; en d'autres termes l'on se servira d'une *portion*
« *de l'acide sulfurique déjà fabriqué pour attaquer et dissoudre com-*
« *plètement le minerai grillé*. De là, une *liqueur renfermant le cuivre*
« *à l'état de sulfate*, qui soumis au *contact de vieilles ferrailles*,
« laissera précipiter la totalité de ce métal. — Ces opérations se
« trouvent présentement en pleine pratique dans l'usine de Perrache,
« où les demandeurs traitent de la sorte les *minerais pauvres*
« *et laissés comme rebuts* par les anciens concessionnaires de la
« mine de Sain-Bel, et c'est d'après des expériences ainsi faites sur
« une grande échelle, qu'ils annoncent pouvoir traiter *avec avantage,*
« *malgré le prix actuel des soufres de Sicile et la concurrence*

« *des cuivres étrangers, des minerais ne contenant pas plus de*
« *1 % de cuivre, etc.* (1). »

Le procédé qui vient d'être décrit diffère en plusieurs points essentiels de celui qu'on suit généralement pour fabriquer l'acide sulfurique. — Ce dernier se prépare par les fabriques ordinaires en brûlant dans des fours le *soufre brut* du commerce avec du *nitrate de soude*. Les vapeurs produites (*acide sulfureux et acide hypo-azotique ou nitreux*) passent en totalité dans les chambres de plomb, où, par le contact de la vapeur d'eau, elles se transforment en *acide sulfurique peu concentré*, qui se dépose au fond de la chambre de plomb. Ce liquide, retiré de la chambre de plomb, est ensuite évaporé dans des chaudières du même métal, opération durant laquelle il se *dégage une quantité assez abondante d'acide sulfureux*; puis on termine la concentration qui doit arriver à 66°, soit dans des *vases de platine*, soit dans des *cornues de verre*. Pendant cette dernière partie de l'opération, quand la concentration est opérée dans des *cornues*, il se répand dans l'atelier et au dehors des vapeurs très-irritantes d'acide sulfureux, d'acide nitrique et d'acide sulfurique. Après cela, c'est-à-dire, lorsque l'acide est arrivé à 66°, tout est terminé : cet acide est livré au commerce.

Or, dans le procédé de MM. Perret ce n'est pas du soufre qu'on brûle dans le four, mais des pyrites, dont le volume relatif est au moins quadruple de celui du soufre, et dont la combustion est bien autrement difficile, ce qui donne lieu à une perte abondante d'acide

---

(1) C'est ici un aveu précieux dont le lecteur doit tenir bonne note et sur lequel on reviendra bientôt.

sulfureux. Quant au travail de concentration, il ne diffère pas dans les deux procédés : l'un et l'autre ont les mêmes inconvénients. — Mais quand l'acide est fabriqué, tout est terminé pour le procédé ordinaire ; avec le procédé Perret, il reste encore à *extraire le cuivre des résidus* de la calcination, et c'est là une *nouvelle cause d'inconvénients graves* pour les voisins.

On a vu, en effet, que pour extraire le cuivre de ces résidus, il fallait *dissoudre l'oxyde de cuivre* qu'ils contiennent, en les traitant *par l'acide sulfurique* étendu d'eau, d'où résulte une solution de sulfate de cuivre, solution de laquelle on précipite ce métal par de la ferraille. Or, le fer dans cette réaction chimique *se substitue tout simplement au cuivre :* au lieu de sulfate de cuivre on a en définitive une solution de sulfate de fer (*couperose verte, vitriol vert du commerce*) dont on n'extrait pas ce sel, par la raison qu'il a trop peu de valeur, et que la solution est trop étendue pour l'en retirer avec avantage. Cette solution métallique qui contient aussi du *sulfate de zinc*, quand il y a de l'oxyde de zinc dans les résidus, devenue ainsi inutile, est nécessairement rejetée, et devient un poison doublement nuisible, quand elle s'écoule dans un cours d'eau qui sert à l'arrosage d'un grand nombre de prairies et à l'abreuvage des bestiaux.

D'après cela, il convient d'examiner les inconvénients du procédé Perret sous deux points de vue :

1° Relativement à la fabrication de l'acide sulfurique seulement ;

2° Relativement à l'extraction du cuivre, et à la cémentation des liquides cuivreux par le fer.

En examinant ce procédé simplement sous le rapport de la

fabrication de l'acide sulfurique, on comparera les inconvénients que présente cette fabrication nouvelle avec ceux de l'ancien procédé, et l'on verra, comme on l'a déjà fait pressentir, qu'il n'y a, à cet égard, aucune parité à établir.

A. Inconvénients que présente la fabrication de l'acide sulfurique en général; inconvénients particuliers à la fabrication de l'acide sulfurique, d'après le procédé de MM. Perret.

Les fabriques ordinaires d'acide sulfurique, malgré tous les moyens de condensation des vapeurs qu'on y emploie, sont rangées parmi les établissements de 1re classe, c'est-à-dire au rang de ceux qui sont *incommodes et insalubres au premier chef*, ou si l'on veut, *les plus incommodes et les plus insalubres*.

Est-ce donc par erreur qu'ils ont été considérés ainsi par la législation, et qu'on les a maintenus jusqu'à ce jour au premier rang des établissements, les plus incommodes et les plus insalubres? Non certes. — Ces établissements sont assez nombreux auprès de la plupart des grandes villes, pour qu'il soit possible d'en ignorer les inconvénients, inconvénients trop réels pour leurs voisins, quelque soin que l'on prenne d'ailleurs pour condenser les vapeurs acides qui s'y produisent. Ces vapeurs corrosives sont de *l'acide sulfureux*, de *l'acide hypo-azotique* ou *nitreux* et de *l'acide sulfurique*, qui se dégagent dans l'air, soit à l'entrée du four à combustion, soit à l'extrémité des chambres de plomb, soit surtout pendant la concentration de l'acide aqueux retiré de ces chambres. Toutes ces vapeurs, irritantes au plus haut degré, surtout celles de l'acide sulfurique, déterminent une toux extrêmement pénible quand on les respire, même très-disséminées dans l'air, et exercent une action corrosive sur les végétaux.

Sur ce point, l'expérience a prononcé ; *toutes les fabriques d'acide sulfurique sont insalubres et incommodes au premier chef* : la législation le dit ; le tort qu'elles font à leurs voisins le dit plus haut et plus intelligiblement encore.

La fabrication de cet acide par le procédé de MM. Perret n'aurait-elle pas les inconvénients qui viennent d'être signalés ? — Elle les aura tous, indépendamment de ceux qui lui seront particuliers, et sur ce point, le conseil de salubrité, MM. Perret eux-mêmes, ne seraient certainement pas d'un autre avis.

Comment se fait-il donc que le conseil de salubrité (la majorité de ce Conseil du moins) après avoir déclaré qu'une fabrique de produits chimiques, d'acides minéraux, ne saurait être autorisée à s'établir dans la riche et populeuse vallée de l'Azergue, trouve tout simple, ensuite, sans inconvénients et très-convenable, de permettre d'y fonder la fabrication de MM. Perret, fabrication *malencontreuse*, comme le Conseil la qualifie ailleurs dans le même rapport? On l'a déjà dit : c'est qu'il y a pour cela un *motif valable*, *l'intérêt de la production du cuivre* ; c'est, comme le même rapport l'exprime positivement ailleurs, que l'acide sulfurique est indispensable pour obtenir du cuivre, en suivant le procédé de MM. Perret.

Soit, mais alors il fallait tout simplement le déclarer, et dire qu'en ce point la fabrication de l'acide sulfurique malgré ses graves inconvénients, doit être tolérée, par la raison que cet acide est nécessaire, qu'il est indispensable pour obtenir le cuivre.

Au lieu d'émettre ainsi une déclaration franche et explicite, qu'a-t-on fait? On s'est évertué à atténuer les inconvénients que présente réellement la fabrication de l'acide sulfurique, inconvénients bien connus, qui ont fait classer cette fabrication, dans l'origine, et l'ont fait maintenir jusqu'à ce jour, parmi les établissements les plus incommodes et les plus insalubres. On a dit, par exemple, dans ce rapport : « que les *vapeurs acides* très-chargées d'eau
« peuvent être aisément dirigées dans des conduits en plomb, dis-
« posées de telle sorte, que la condensation soit complète, et il ne
« peut en définitive résulter de cette opération, qu'une très-faible
« addition d'incommodité dont, dans tous les cas, serait seule
« affectée l'usine (1). »

Mais comment concilier cette confiance débonnaire du Conseil quand il s'agit de l'acide sulfurique, avec sa juste défiance manifestée pour l'acide chlorhydrique, à l'égard duquel il s'exprime ainsi dans les considérants de son rapport :

« Considérant qu'il est insalubre et incommode au premier chef, et
« que *dans le cas même où toutes les précautions seraient prises*
« *pour la* CONDENSATION DE L'ACIDE, il se dégagerait encore forcé-
« ment des *quantités considérables de cet acide qui porteraient* LA

---

(1) Il est dit aussi dans le rapport du Conseil de salubrité que l'acide sulfurique peut être employé dans beaucoup d'opérations industrielles sans être concentré. Mais on oublie que l'éloignement où se trouve Chessy des fabriques qui achètent cet acide, ne permettrait pas de l'employer non concentré à cause de l'augmentation des frais de transport qui en résulterait.

« DÉVASTATION DANS LE VOISINAGE. » — Cela est-il conséquent ? — Si l'on n'était préocupé par le prétendu *motif valable*, par la pensée de la *production de cuivre*, on ne serait certainement pas tombé dans une contradiction aussi flagrante, aussi difficile à justifier.

On ne saurait prétendre, en effet, que la fabrication de l'acide chlorhydrique *en vases clos* (et c'est cette fabrication en vases clos que le Conseil a si énergiquement repoussée), soit plus dangereuse pour les voisins que celle de l'acide sulfurique ; c'est exactement le contraire qui est vrai ; et ce qui le prouve, c'est que la fabrication de l'acide muriatique ou chlorhydrique en *vases clos*, a pu être placée parmi les *établissements de seconde classe*, tandis que celle de l'acide sulfurique est rangée, *dans tous les cas*, au nombre des *établisssements les plus incommodes et les plus insalubres*, c'est-à-dire *de première classe*.

De tout ce qui précède, il résulte : que la fabrication ordinaire de l'acide sulfurique doit être rangée parmi ces établissements dont, selon l'expression du Conseil de salubrité, l'*utilité est incontestable, mais qui n'en sont pas moins de* VÉRITABLES FLÉAUX *pour le voisinage*, et qu'on ne peut laisser installer au centre d'une riche et populeuse vallée, comme celle de l'Azergue.

Eh bien ! comme on l'a déjà fait préssentir, non seulement la fabrication par le procédé de MM. Perret, aurait les mêmes inconvénients que la fabrication par les moyens ordinaires, mais elle en aurait encore d'autres non moins graves, qui sont spéciaux au travail chimique particulier de ces fabricants.

1° Les pyrites, représentant tout au plus le tiers ou le quart de leur poids en soufre utilisable pour l'acide sulfurique, devant être, par conséquent, employées en plus grandes masses que le soufre ordinaire, et d'ailleurs étant d'une combustion infiniment plus difficile, donneraient lieu à une *perte très-notable d'acide sulfureux* pendant cette combustion, perte qui est peu sensible quand on brûle seulement le soufre brut du commerce.

Et ce n'est point ici une supposition : ce qui s'est passé et se passe encore encore à Perrache, où l'on peut reconnaître soit par la destruction des peupliers, soit par l'irritation et la toux que déterminent les vapeurs d'acide sulfureux et d'acide sulfurique à plus de 500 mètres, l'influence délétère de ces émanations, démontre qu'on doit compter absolument sur cette émission considérable de vapeurs sulfureuses acides dans l'atmosphère (1).

On a dit, il est vrai, que ce ne sont pas les vapeurs d'acide sulfurique qu'il faut accuser des méfaits avérés qu'on reproche à l'établissement de MM. Perret, mais bien celles de l'acide chlorhydrique, du chlorure d'étain, du chlorure de chaux, etc. — Mais pour être certain du contraire, il suffit d'approcher jusqu'à 100 ou 200 mètres de la fabrique, et là il est impossible de ne pas reconnaître, à la nature des vapeurs, qu'elles sont formées presque

---

(1) « Il faut remarquer d'ailleurs que les circonstances locales sont bien plus défavorables à Chessy qu'à Perrache, où la vallée est largement ouverte et permet aux vents de disséminer les vapeurs dans l'atmosphère ; où deux grands cours d'eau, le Rhône et la Saône, qui baignent, pour ainsi dire, les pieds de l'usine, enlèvent la plus grande partie des vapeurs acides, en les dissolvant. — A Chessy la vallée est très-étroite et bornée par deux montagnes qui retiendront nécessairement les vapeurs acides et les empêcheront de se perdre dans la masse atmosphérique.

exclusivement par l'acide sulfureux et l'acide sulfurique. Il est d'ailleurs de notoriété publique à Lyon, que *les effets destructeurs de la fabrique de MM. Perret ont commencé à être très-prononcés, à l'époque où ces fabricants ont mis en pratique pour la première fois, la substitution des pyrites au soufre de Sicile.*

2° L'acide sulfureux produit par la combustion des pyrites est toujours plus ou moins mélangé de *vapeurs arsénicales* provenant de la combustion du sulfure d'arsénic naturellement associé aux sulfures de cuivre, de fer et de zinc, de la pyrite de Chessy et de Sain-Bel. — On sait, en effet, que les acides sulfuriques fabriqués par MM. Perret contiennent une proportion considérable d'arsénic, principe vénéneux qui ne se rencontre pas généralement dans les acides fabriqués avec du soufre de Sicile.

3° La fabrication d'acide sulfurique par la combustion des pyrites, telle qu'on veut la pratiquer à Chessy, ayant, dit-on, pour but essentiel l'extraction du cuivre, devrait nécessairement être pratiquée sur des proportions colossales, puisque le Conseil admet, comme *minimum* et PROVISOIREMENT, qu'elle aurait d'abord lieu dans des chambres de plomb de six mille mètres cubes de développement, limension qui est 5 *ou* 6 *fois plus considérable* que celles des plus grandes fabriques actuellement établies, et en particulier que celle de l'usine de Perrache.

Si la destruction autour de cette dernière usine s'est étendue au-delà de 500 mètres, qui sait jusqu'où elle pourra être portée avec une fabrication 5 ou 6 fois plus considérable? — Le mal qu'une semblable usine pourra produire n'est-il pas incalculable? — Qu'on se rappelle bien, en effet, que le riche et populeux bourg de Chessy n'est qu'à 1 kilomètre de distance, et que les vapeurs sulfureuses des grands grillages y vont déjà souvent incommoder les habitants. Que serait-ce donc quand des torrents de vapeurs acides sortant de l'usine monstre de MM. Perret, y seraient portés par les vents? — Serait-il possible alors de continuer à Chessy la fabrication des étoffes de soie, dont les couleurs peuvent être si facilement altérées par les vapeurs acides? L'incommodité qu'on éprouve maintenant de l'opération du grillage, ne deviendrait-elle pas aussi une véritable insalubrité?

En résumé, il reste démontré: que *la fabrication ordinaire de l'acide sulfurique ne saurait être tolérée à Chessy*, et qu'à plus forte raison, l'on ne saurait y permettre l'établissement de la *malencontreuse* fabrique de MM. Perret ; car indépendamment des inconvénients inhérents à la fabrication ordinaire de l'acide sulfurique, indépendamment aussi des *eaux métalliques* qu'elle forcerait de répandre dans l'Azergue, et dont il va être question maintenant, elle aurait encore les inconvénients particuliers d'émettre dans l'air, toutes choses égales d'ailleurs, *des quantités beaucoup plus considérables d'acide sulfureux mélangé d'acide sulfurique*, d'y porter même des *vapeurs arsénicales*, et d'être établie sur des *proportions si considérables*, que tous ces inconvénients seraient accrus, au point de menacer gravement la prospérité agricole de la vallée et même la santé de ses habitants.

B. Inconvénients du déversement dans l'Azergue des eaux métalliques provenant du traitement des pyrites grillées pour en extraire le cuivre.

On a vu précédemment qu'après la fabrication de l'acide sulfurique par le grillage des pyrites (sulfures métalliques) il restait un résidu très-abondant (pyrites grillées) qui retient encore du soufre, mais qui est principalement formé des *oxydes métalliques* et des *sous-sulfures* produits par la *combustion des sulfures naturels*. C'est de ce résidu que MM. Perret retirent le cuivre en opérant de la manière suivante :

Ils forment sur une aire bien unie et bétonnée avec de la chaux, un lit épais de minerai grillé. Puis ils arrosent ce minerai avec de l'acide sulfurique très-étendu d'eau, jusqu'à ce qu'il en soit recouvert d'une couche peu épaisse. Ils laissent ensuite ce liquide se saturer autant que possible d'oxyde de cuivre, ce qui donne lieu à la formation d'un *sulfate cuivrique*. Lorsqu'ils jugent que le liquide ne peut plus dissoudre d'oxyde, ils le laissent écouler par une ouverture pratiquée à la partie la plus déclive, le mettent à part pour en retirer le cuivre ; puis ils recouvrent le minerai d'une nouvelle quantité d'acide sulfurique étendu d'eau. Ils continuent ainsi journellement cette opération jusqu'à ce que le minerai grillé ne donne plus ou presque plus de sulfate de cuivre, ce qui n'arrive souvent qu'après une année de lavage journalier. — Le résidu, épuisé du sel de cuivre, est ensuite rejeté comme inutile et remplacé par de nouveau minerai grillé.

Quant au liquide contenant le *sulfate de cuivre* et qui tient en outre en dissolution une certaine quantité de *sulfate de fer* et du *sulfate de zinc*, si le minerai contenait du *sulfure zincique*, on y jette une certaine quantité de vieille ferraille pour en précipiter le cuivre. Le fer, en effet, par une cause chimique qu'il serait déplacé d'expliquer ici, *se substitue* peu à peu au *cuivre*, qui *se précipite à l'état métallique* sur le fer non dissous, d'où on le sépare ensuite très-facilement pour le fondre et le livrer au commerce. — Dans cette opération on ne fait que transformer le *sulfate de cuivre* en *sulfate de fer* ou *couperose verte du commerce* : ce dernier sel se trouve donc dans le liquide résidu en *quantité équivalente* à la quantité de sulfate de cuivre qui y existait primitivement.

Les eaux vitrioliques doù l'on a retiré le cuivre, qui sont *chargées de sulfate de fer*, qui contiennent en outre du *sulfate de zinc* (sel très-vénéneux) quand il s'en est formé, qui retiennent aussi une certaine quantité de *sulfate de cuivre* échappée à la décomposition, et qui sont en outre plus ou moins acides, une portion de l'acide sulfurique ne s'étant pas combinée, ces eaux métalliques et corrosives sont écoulées hors de l'usine. A Perrache, MM. Perret les déversent dans le Rhône, où, mélangées à une grande masse de liquide, elles s'écoulent sans déterminer les effets pernicieux qu'elles produiraient nécessairement quand ils les laisseraient perdre dans l'Azergue, petite rivière, qui durant l'été, a *très-peu d'eau*.

Ces eaux vitrioliques et corrosives qui couleraient en grand masse chaque jour (car l'opération décrite ci-dessus se continue d'une manière incessante, et se pratiquerait d'ailleurs sur des quantités 5 ou 6 fois plus considérables qu'à Perrache), ces eaux vénéneuses iraient empoisonner continuellement l'eau de l'Azergue, et deviendraient une cause de destruction pour les prairies, et de mort pour les bestiaux qu'on ferait abreuver dans cette rivière. Le moins qui puisse arriver pour les prés arrosés par l'Azergue, serait, comme l'expérience l'a prouvé, de fournir un foin de qualité très-mauvaise et que les animaux refusent de manger.

Et qu'on ne pense pas que ces inconvénients soient exagérés en rien : ne sait-on pas que le pré placé au-dessous de la grange Baronnat, et qui reçoit les eaux pluviales qui ont coulé sur les tas de pyrites, a été complètement stérilisé par les eaux qui dissolvent plus ou moins de sulfates métalliques dans leur contact avec ces tas de minerais de rebut. — N'est-il pas aussi de notoriété publique, dans la vallée de l'Azergue, que les essais déjà tentés par MM. Perret (avant d'avoir obtenu l'autorisation qu'ils sollicitent!), quoique faits sur une petite échelle, ont causé de graves dommages à plusieurs prairies de la commune de Châtillon, et ont déterminé la perte de plusieurs bestiaux qui s'étaient abreuvés dans les eaux de l'Azergue, empoisonnées par les eaux vitrioliques de MM. Perret.

Or, il ne faut pas s'y tromper, cet inconvénient serait un des plus graves, parmi les graves inconvénients que présenterait l'usine malencontreuse de MM. Perret; car l'Azergue, dans toute l'étendue de son cours jusqu'à son embouchure, est bordée à droite et à gauche de riches prairies, arrosées par les eaux de cette petite rivière. Ce n'est donc pas sans raison que les communes de *Lozanne*, *Chazay*, *Morancé*, *Lucenay*, *Marcilly*, *Les Chères*, *Civrieux* et *Quincieux*, placées au-dessous de Chessy et de Châtillon, ont formé une très-vive opposition à la demande de MM. Perret, bien qu'elles ne puissent être atteintes par les vapeurs qui se dégageront de leur usine.

A tout ce qui vient d'être dit sur les inconvénients, et même les dangers qui résulteraient du déversement journalier de leurs eaux vitrioliques corrosives dans l'Azergue, MM. Perret ont objecté que les anciens concessionnaires faisaient écouler dans cette rivière, les eaux extraites de la mine en très-grande quantité (1500 mètres cubes par jour), eaux qui contenaient aussi des sulfates métalliques.

Mais d'abord, si ces eaux étaient malfaisantes, les anciens propriétaires n'avaient nul droit de les déverser dans la rivière, car leur acte de concession ne mentionne pas qu'ils fussent autorisés à ce déversement. — Ces eaux, de plus, n'étaient pas aussi abondantes qu'on le prétend : il résulte, en effet, des renseignements fournis à cet égard par les anciens concessionnaires, qu'on ne tirait des puits d'exploitation, que 120 à 150 seaux d'eau de 2 hectolitres, soit 240 à 260 hectolitres par 24 heures; c'est-à-dire, 24 à 26 mètres cubes, et non pas 1500 mètres cubes, comme on l'a avancé. — Les eaux d'ailleurs étaient principalement chargées de matières terreuses en suspension et contenaient très-peu de principes vitrioliques, comparativement surtout aux eaux de lavage des pyrites grillées, qui sont des eaux métalliques et acides, réellement vénéneuses soit pour les végétaux, soit pour les animaux.

On ne saurait donc assimiler les eaux de la fabrique de MM. Perret avec les eaux uniquement extraites de la mine de Chessy, et que d'ailleurs on n'avait pas le droit de déverser dans la rivière. Mais quand ce droit aurait existé et que MM. Perret en fussent devenus possesseurs par transmission, cela ne les autoriserait pas à assimiler les eaux de leur fabrique à celles des puits et galeries de la mine. Il faut remarquer en outre qu'il ne s'agit pas ici de la substitution d'un inconvénient à un autre; car en supposant l'établissement de la fabrique d'acide sulfurique à Chessy, on continuera activement l'exploitation des pyrites, et il faudra se débarrasser des eaux qui se rassembleront dans les puits et galeries, comme on le faisait anciennement, indépendamment du déversement des eaux de la fabrique, bien autrement dangereuses que celles extraites de la mine. Ainsi les eaux de l'Azergue seraient souillées et empoisonnées en même temps par les eaux des travaux d'exploitation et par les eaux de la fabrique d'acide sulfurique.

Mais, pourront encore objecter MM. Perret, le Conseil de salubrité dans son rapport, tout en reconnaissant que les craintes des habitants de la vallée de l'Azergue, relativement au déversement des eaux provenant de la fabrique d'acide sulfurique, *sont tout-à-fait légitimes*, ajoute qu'il *sera facile de rendre ces eaux inoffensives en les saturant de chaux. Les demandeurs*, ajoute encore le rapport, *doivent d'autant plus volontiers se soumettre à l'accomplissement d'une semblable mesure, qu'elle fera naturellement partie du traitement pour le zinc des liqueurs de résidu.*

Comment le Conseil de salubrité a-t-il pu accorder la moindre valeur à une semblable promesse? Ne sait-il pas qu'il n'y a aucun moyen d'en forcer l'exécution? Sans doute si les eaux métalliques de leur fabrique étaient riches en sulfate de zinc, MM. Perret auraient intérêt à précipiter l'oxyde de zinc par la chaux pour en retirer ensuite le métal. Mais la présence du sulfate de zinc en quantité suffisante pour que ce traitement soit avantageux ne sera qu'une rare exception; d'ordinaire les eaux seront essentiellement minéralisées par le sulfate de fer, et alors MM. Perret n'auraient rien à retirer de l'emploi de la chaux, qui deviendrait pour eux l'objet d'une dépense importante en pure perte. Croyez-vous donc qu'alors ils iront s'astreindre à cette opération préjudiciable à leurs intérêts? Leurs antécédents répondent qu'ils n'en feront rien; que cette promesse d'employer la chaux n'est donc qu'un véritable leurre!

MM. Perret, au surplus, n'ont pas attendu d'avoir obtenu l'autorisation qu'ils sollicitent, pour montrer le cas qu'ils font de cette promesse dérisoire d'employer la chaux pour précipiter les oxydes métalliques des eaux de lavage des pyrites grillées. Les eaux qui sont sorties de leur fabrique dans le courant de cette année, avaient toutes une saveur métallique insupportable, ainsi que l'ont constaté plusieurs habitants de Chessy. A plusieurs reprises, des bestiaux ont péri pour avoir bu les eaux de l'Azergue. Instruit de ces faits, M. le maire de Chessy a voulu obtenir la certitude que les eaux provenant du lavage des pyrites grillées et sortant de la fabrique de MM. Perret, contenaient des substances métalliques. A cet effet, il a rempli quatre bouteilles des eaux de cette fabrique, dans un point rapproché de celui où elles se mélangent avec les eaux de l'Azergue, et après les avoir soigneusement bouchées, il les a adressées à M. Dupasquier, professeur de chimie à Lyon, pour en faire l'analyse.

Voici la réponse de M. le professeur Dupasquier.

Monsieur le Maire,

J'ai reçu les quatre bouteilles d'eau que vous m'avez adressées ; après avoir constaté que le cachet de la mairie de Chessy était intact, j'ai soumis à l'analyse chimique le liquide qu'elles contenaient. Voici les résultats que j'ai obtenus.

Le liquide de ces bouteilles, qui était trouble au moment où elles m'ont été remises, s'était éclairci par le repos et présentait alors un dépôt abondant de couleur de rouille, que j'ai reconnu pour être essentiellement composé de peroxyde de fer.

Le liquide éclairci par le repos avait beaucoup plus de densité que l'eau ordinaire. Sa saveur était très-fortement atramentaire et métallique.

Exposé à l'air il se troublait de nouveau et formait encore un précipité de peroxyde de fer.

Ce liquide était acide et rougissait fortement la teinture de tournesol.

Traité par le cyano-ferrure de potassium, ce liquide a donné un précipité bleu, très-abondant, de cyanure de fer qui est devenu plus foncé au contact de l'air. Le fer dans ce liquide existe à l'état de sulfate.

Traité ensuite soit par une lame de fer soit par l'ammoniaque, il a été facile de reconnaître qu'il retenait encore une proportion assez notable de cuivre en dissolution. J'ai reconnu aussi dans ce liquide du sulfate de zinc en proportion presque aussi considérable que celle du sulfate de fer.

L'emploi de l'oxalate d'ammoniaque a démontré enfin que cette eau ne contenait pas plus de chaux que les eaux ordinaires du pays.

En résumé, Monsieur le Maire, le liquide que vous m'avez chargé d'analyser contenait une très-forte proportion de sulfate de fer (*couperose verte* du commerce), une petite quantité de sulfate de cuivre (*vitriol bleu*), du sulfate de zinc (*couperose blanche*) en proportion presque aussi considérable que celle du sulfate de fer, et de plus un excès notable d'acide sulfurique libre. Ce liquide doit donc être considéré comme éminemment dangereux pour la végétation; inutile d'ajouter aussi que les sels métalliques qui s'y trouvent dissous, et particulièrement le sulfate de cuivre et le sulfate de zinc, le rendent nécessairement vénéneux, et en font un véritable poison pour les animaux.

Agréez, Monsieur le Maire, l'assurance de ma haute considération et de mon dévouement.

ALPH. DUPASQUIER, D. M. P.

Professeur de chimie à l'école de médecine et à la Martinière, membre du conseil de salubrité; doyen du jury médical du département du Rhône, etc.

Lyon, novembre 1844.

Qu'on juge d'après le contenu de cette lettre quelle foi on doit avoir dans les promesses de MM. Perret, de décomposer par la chaux les sels métalliques tenus en solution par les eaux qu'ils déverseront de leur fabrique dans la rivière de l'Azergue!

Nous pouvons donc conclure de tout ce qui précède, que le déversement dans la rivière des eaux de lavage des pyrites grillées, traitées pour en obtenir le cuivre, constituerait à l'égard des habitants de la vallée de l'Azergue, un des plus graves inconvénients de la malencontreuse fabrique de MM. Perret.

4° L'état a-t-il réellement intérêt, relativement à la production du cuivre, à permettre l'établissement à Chessy, de la fabrique projetée par MM. Perret ?

D'après la statistique générale de la France, la production du cuivre, sur notre territoire, ne s'élève pas annuellement au-delà de CENT MILLE KILOGRAMMES, qui au prix moyen de 5 francs le kilogramme ne représentent qu'une valeur de 500,000 francs.

Cette quantité annuelle de 100,000 kilogrammes de cuivre, est approximativement celle qu'ont produite pendant longtemps les mines de Chessy et de Sain-Bel. — Ce chiffre n'a été dépassé que d'une manière exceptionnelle, lorsque l'on exploitait le carbonate et l'oxyde de cuivre concurremment avec la pyrite cuivreuse (1).

Pour obtenir cette quantité de métal, les anciens concessionnaires faisaient opérer le triage des pyrites et ne traitaient que le *minerai de choix, riche au moins de 6 pour 100 de cuivre.* L'expérience avait démontré, soit à Chessy, soit à Sain-Bel, *qu'à cette limite de 6 pour 100, le minerai donnait un produit*

---

(1) La découverte du carbonate et de l'oxyde de cuivre avait élevé la production du cuivre à 500 mille kilog. en une seule année. Malheureusement ce minerai si avantageux à traiter, a bientôt été épuisé. Aujourd'hui on n'en trouve pas même des échantillons pour les cabinets de minéralogie.

égal à la dépense d'extraction et de fondage (1). — Au-dessous de cette limite, le minerai qui ne pouvait que produire une perte à l'exploitation était réputé *pauvre* et rejeté comme inutile ; il formait à peu près les 2/3 de la quantité totale du minerai extrait de la mine. C'est ainsi qu'on en a accumulé depuis deux siècles, des masses considérables, de véritables montagnes près de la mine de Chessy.

Après l'épuisement du carbonate et de l'oxyde de cuivre, la production de ce métal était rentrée dans ses anciennes limites, c'est-à-dire qu'on en fabriquait annuellement à Chessy et à Sain-Bel environ 100,000 kilogrammes. Mais bientôt les filons exploités ont présenté une bien moindre quantité de minerai riche, le produit en cuivre est allé en décroissant, et l'exploitation n'a plus offert de bénéfices aux anciens concessionnaires qui se sont déterminés à vendre les établissements de Sain-Bel et de Chessy. — Ces établissements, comme nous l'avons déjà dit, ont passé alors dans les mains de MM. Perret, qui depuis 1834, traitaient, dans leur fabrique de Perrache et avec un très-grand avantage, du minerai pauvre acheté à Sain-Bel, pour en préparer de l'acide sulfurique, et retirer en même temps la petite quantité de cuivre contenue dans ce même minerai.

Aujourd'hui, d'après le dire de MM. Perret, les mines de Sain-Bel et de Chessy, ne fournissent plus de minerai riche propre à être exploité par l'ancien procédé ; mais elles sont susceptibles de donner encore des QUANTITÉS INCALCULABLES de minerai, variable par

---

(1) Après le traitement il restait de 2 à 3 p. 0/0 de cuivre dans les scories.

les proportions relatives de sulfure de cuivre, de sulfure de fer, de sulfure de zinc et de gangue siliceuse, minerai dont la richesse moyenne est de 2 à 3 pour 100 de cuivre. — Les parties les plus riches ne contiennent pas plus de 4 pour 100, toujours suivant MM. Perret.

Telle est, à présent, la situation précaire de la production du cuivre dans les deux établissements (Sain-Bel et Chessy) qui fournissaient à la France à peu près toute la quantité de ce métal qu'elle retirait de son sein.

Propriétaires aujourd'hui des mines de Sain-Bel et de Chessy, MM. Perret s'adressent à l'autorité et lui disent :

Les anciens procédés d'extraction du cuivre suivis à Chessy et à Sain-Bel sont devenus inapplicables, le minerai n'étant plus assez riche pour les mettre en pratique avantageusement. — L'État est donc sur le point de voir cesser complètement la production du cuivre en France.

Mais, ajoutent aussitôt MM. Perret, nous avons heureusement des procédés qui nous permettent d'extraire à 15 millièmes près de la totalité, tout le cuivre contenu non seulement dans les masses de minerai non encore exploité, mais encore dans ces montagnes de rebuts pyriteux accumulés autour des puits d'extraction, depuis l'origine de l'exploitation des deux mines. — Donnez-nous l'autorisation d'appliquer ces procédés à Chessy, et la France continuera à produire du cuivre ; elle en produira même une quantité plus considérable que par le passé. Mais pour arriver à ce résultat il est indispensable que nous soyons autorisés à fabriquer de l'acide sulfurique, dans la même localité, l'emploi de cet acide formant la base du traitement que nous employons pour extraire le cuivre. Bien plus, il faudra nous permettre aussi de fabriquer de l'acide chlorhydrique, du sulfate de soude, de la soude artificielle, de l'acide nitrique et du chlorure de chaux, fabrication secondaire sans laquelle nous ne trouverions pas l'emploi de l'acide sulfurique pour arriver à l'extraction du cuivre, acide dont nos opérations de même que le commerce ne peuvent absorber qu'une quantité très-inférieure à celle que nous obtiendrons.

En résumé, disent MM. Perret, si l'on nous refuse d'une manière absolue l'autorisation que nous avons demandée, la production du cuivre cessera tout-à-fait en France, à moins que l'on ne parvienne à trouver du minerai plus riche, ce qui est douteux. — En nous accordant la permission de fabriquer seulement de l'acide sulfurique, nos mines ne cesseront pas de produire du cuivre et continueront à végéter dans des limites rétrécies. Mais s'il nous était permis d'appliquer l'acide sulfurique à la fabrication des produits secondaires signalés dans notre demande, la production du cuivre prendrait immédiatement un développement très-considérable.

Les habitants de la vallée de l'Azergue ne veulent pas contester le dire de MM. Perret relativement à l'état précaire de la production du cuivre à Chessy et à Sain-Bel, bien qu'il y ait plus d'une raison de croire que le minerai riche est bien loin, comme on le prétend, d'être entièrement épuisé; ils ne mettent pas en doute non plus la valeur des procédés employés par MM. Perret et l'utilité qu'ils présentent pour l'extraction du cuivre des minerais pauvres et même des rebuts pyriteux rejetés par les anciens concessionnaires comme étant de nulle valeur. — Qu'on autorise ces fabricants à établir leur usine dans un lieu aride, isolé, comme il s'en trouve en plusieurs points du département, sur les bords du Rhône, par exemple, et nous serons les premiers à reconnaître l'importance de leur fabrication et à faire des vœux pour son succès. Mais que ce soit à Chessy, pays où *à priori*, selon l'expression du Conseil de salubrité lui-même, *on ne saurait permettre la fondation d'un de ces établissements chimiques, qui malgré leur utilité incontestable, n'en sont pas moins de* VÉRITABLES FLÉAUX *pour leur voisinage*, que ce soit dans cette riche partie agricole du département, qui compte 11 communes et plus de 10,000 âmes de population dans un rayon de 5 kilomètres, qu'on vienne fonder cette dangereuse fabrique, cela ne peut, cela ne doit pas être, cela ne sera pas.

Ne vaudrait-il pas mieux en effet pour la France, si l'on ne pouvait produire le cuivre ailleurs qu'à Chessy, demander à l'importation la quantité annuelle qu'on en retirait, c'est-à-dire, 100,000 kilogrammes, ou pour 500,000 fr. de ce métal, que de porter atteinte à la prospérité agricole d'une surface de 8,500 hectares, qui produit annuellement un revenu de 2 à 3 millions. — Le gouvernement révolutionnaire lui-même comprenait ainsi l'intérêt général, dans la même question, puisqu'il avait apporté de grandes restrictions à l'exploitation du minerai de Chessy et de Sain-Bel, malgré le besoin extrême qu'il avait du cuivre pour la défense du pays, et malgré la difficulté qu'il trouvait à s'en procurer à l'extérieur.

Au reste, qu'on se rassure, la France ne sera pas réduite à cette extrémité, de voir s'éteindre tout-à-fait la production du cuivre sur son sol, ou de permettre qu'on porte la désolation et le ravage dans une riche et heureuse contrée. L'intérêt particulier de MM. Perret doit donner toute tranquillité à cet égard : quel que soit le sort de leur demande en autorisation, ces industriels n'en fabriqueront pas moins de grandes masses d'acide sulfurique, et seront forcés pour cela d'extraire des quantités relatives de cuivre comme produit accessoire. — La question en litige n'est réellement pour eux qu'une question de faire des bénéfices plus ou moins considérables ; elle touche donc fort peu (pour ne pas dire qu'elle leur est complètement étrangère) aux intérêts de l'Etat, qui peuvent être gravement compromis au contraire, par l'abaissement du revenu et de la valeur de la propriété dans toute la vallée de l'Azergue, sous l'influence de la malencontreuse usine que voudraient y fonder MM. Perret.

S'agit-il de prouver ce que nous venons d'avancer ? — Rien ne sera plus facile.

MM. Perret sont fabricants d'acide sulfurique et non métallurgistes ; ils fabriquaient de l'acide sulfurique avec le soufre avant d'en fabriquer par les sulfures. S'ils ont préféré les pyrites au soufre brut, c'est parce qu'elles leur fournissaient du soufre, qui, en définitive, ne leur *coûtait rien*. S'ils ont acheté les mines de Chessy et de Sain-Bel, ce n'est pas certes pour produire du cuivre ; c'est pour s'assurer la propriété exclusive de ce soufre qui ne coûte rien, c'est pour pouvoir étendre autant que pourra le permettre la consommation, la production d'un acide qui, retiré d'une matière première de nulle valeur, leur permettra de réaliser des bénéfices considérables. —

Quant au cuivre, il ne figure réellement dans leur fabrication, que comme moyen d'obtenir du soufre sans bourse délier. — Ce que désirent, ce que veulent MM. Perret, c'est de fabriquer et de vendre des masses considérables d'acide sulfurique. — A la vérité, plus ils produiront d'acide sulfurique, plus aussi ils produiront de cuivre.

Mais est-il donc nécessaire, pour produire de l'acide sulfurique, pour en produire beaucoup et donner accessoirement une quantité relative de cuivre à la France, d'établir cette fabrication, ce fléau, au milieu d'un pays aussi riche, aussi intéressant que la vallée de l'Azergue? Non certes, et MM. Perret eux-mêmes nous en fournissent une preuve complète, évidente, irrécusable, résultant de l'expérience la plus large qui se puisse faire, et cela pendant une série non interrompue de dix années; bien plus, de dix années de succès qui leur ont permis d'acheter deux établissements aussi considérables que les mines de Chessy et de Sain-Bel.

Depuis 1854, en effet, MM. Perret font transporter annuellement de Sain-Bel à Perrache, c'est-à-dire à une distance d'environ 50 *kilomètres*, DEUX MILLIONS DE KILOGRAMMES DE PYRITES, qui fournissent au commerce tout l'acide sulfurique sorti de leur fabrique. Le cuivre qui est extrait des pyrites grillées suffit pour couvrir la dépense d'achat des pyrites et celle plus importante des frais de transport par voie de terre : *tout le soufre reste pour bénéfice.*

Or, il ne faut pas perdre de vue que le transport des pyrites de Sain-Bel à Perrache a lieu par voie de terre, et qu'il est aussi coûteux que possible. MM. Perret ne sauraient donc objecter relativement au minerai de Chessy, que son transport n'est pas possible, parce qu'il n'y a à proximité, ni chemin de fer, ni canal qui puisse le rendre moins coûteux.

MM. Perret prétendraient-ils qu'ils ne traitent à Lyon que du minerai riche en cuivre, ce qui leur permet de retrouver les frais de transport sur la production plus considérable du métal : cette objection serait contraire à la vérité, et pour le prouver nous n'aurons qu'à citer le passage suivant du rapport adopté par le Conseil de salubrité :

« Ces opérations (celles du procédé de MM. Perret) se trouvent
« présentement en pleine pratique à Perrache, où les demandeurs
« traitent de la sorte LES MINERAIS PAUVRES ET LAISSÉS COMME REBUTS par
« les anciens concessionnaires de la mine de Sain-Bel, et c'est d'après
« des expériences ainsi faites sur une grande échelle, (*c'est-à-dire en*
« *traitant pendant dix années 2 millions de kilogrammes de pyrites*
« *annuellement!*) qu'ils annoncent pouvoir *traiter avec avantage,*
« *malgré le prix actuel des soufres de Sicile, et la concurrence des*
« *cuivres étrangers*, DES MINERAIS QUI NE RENFERMERAIENT PAS PLUS DE
« 1 POUR 100 DE CUIVRE. »

Ainsi, il n'y a pas à en douter, MM. Perret traitent, à Perrache, malgré les frais de transport de Sain-Bel à Lyon (pour une distance d'environ 30 kilomètres par terre), et traitent avec un succès qu'ils avouent eux-mêmes, des *minerais pauvres*, des *minerais de rebut*, ne contenant pas plus de 1 pour 100 de cuivre.

Ce résultat d'ailleurs peut s'expliquer facilement : 100 kilogrammes de minerai fournissent *au moins* 1 kilogramme de cuivre, qui vaut en moyenne trois francs. — Or, 100 kilogrammes de minera[1] coûtent pour être transporté par tombereaux de Sain-Bel à Perrache. (*Prix convenu et exécuté*). . . . . 0 f. 90 c.

En portant à 1 fr. le prix d'achat des rebuts de minerai enlevé sur place, ce qui est un très-bon prix pour une matière de nulle valeur, ci. 1 00

On trouve que 100 kilogrammes de minerai de rebut reviennent à MM. Perret, rendus à Perrache, . . . 1 f. 90 c.

En vendant 3 francs le kilog. de cuivre produit, il reste 1 fr. 10 c. pour la main-d'œuvre que nécessite l'extraction du cuivre des pyrites grillées. — Encore ne portons-nous en compte que le minimum du cuivre retiré; les minerais de rebut peuvent cependant donner en moyenne 1 1/2 pour 100, ce qui ferait un produit de 4 fr. 50 au lieu de 3 francs. — Le soufre qui passe à l'état d'acide sulfurique, et qui est livré en cet état au commerce, reste donc tout entier comme bénéfice net pour MM. Perret. Or, il faut que l'on sache que si les pyrites de rebut *sont pauvres en cuivre*, elles sont au contraire *très-riches en soufre*, car elles se composent essentiellement de bisulfure de fer, qui est ainsi composé, sur 100 parties :

Soufre. . . . . . 54, 26 } = 100
Fer. 45, 74

Si l'on contestait, au surplus, l'exactitude de ce calcul, bien qu'il soit fondé sur des données positives, on ne pourrait contester du moins le fait de dix années de fabrication très-fructueuse d'acide sulfurique à Perrache, avec une quantité annuelle de 2 millions de pyrites de rebut, transportées par terre, à une distance d'environ 30 kilomètres (de Sain-Bel à Lyon), et ce seul fait suffit pour prouver que MM. Perret peuvent établir leur fabrication dans des lieux où ils ne nuiront à personne, et cela en faisant encore de certains et de très-larges bénéfices.

Le prix de transport, en effet, ne sera pas plus considérable de Chessy à Perrache, par exemple, que de Sain-Bel dans la même localité. Probablement même il pourra être un peu moins élevé, car la distance à partir de Chessy est moins considérable qu'à partir de Sain-Bel, et cette différence est d'à peu près 6 ou 8 kilomètres. Quant à la route, elle est également bonne et facile des deux côtés. Il faut même remarquer à l'avantage de Chessy, que si MM. Perret transportent leur fabrique à 6, à 10, à 15, à 25 kilomètres ou même davantage sur les bords du Rhône, ils auraient la faculté (en suivant la vallée de l'Azergue, dont la longueur n'est que de 8 à 10 kilomètres à partir de Chessy) de charger leur minerai sur des bateaux, à Anse, et de le conduire ensuite par eau jusqu'à leur nouvelle fabrique; ce qui, en définitive, ne serait pas plus coûteux que de le conduire directement par terre à Lyon.

Ainsi, le transport du minerai, soit pour Lyon, soit pour d'autres localités peu éloignées de cette ville, ou du moins placées sur les bords du Rhône, ne serait pas plus coûteux à partir de Chessy qu'à partir de Sain-Bel, peut-être même qu'il le serait moins.

On a fait, il est vrai, contre le transport spécial des pyrites de Chessy, une objection tirée de la nature prétendue différente de ce minerai; on a dit, et le Conseil de salubrité dans son rapport a répété, que le minerai de Chessy est *plus pauvre en soufre* que celui de Sain-Bel, par la raison qu'il contient du sulfure de zinc, lequel ne renferme que 33 de soufre pour 100, tandis que le sulfure de cuivre en contient 50, et le sulfure de fer 54.

Mais cette objection est sans aucune espèce de valeur, car elle repose sur deux erreurs qui n'auraient pas dû échapper à MM. Perret. D'abord, ils ne peuvent ignorer qu'on ne trouve du sulfure de zinc en quantité exceptionnelle dans le minerai de cuivre, que depuis deux ans, c'est-à-dire depuis qu'on exploite le filon *Sainte-Anne*. Toutes les autres parties de la mine ne donnent que du minerai semblable à celui de Sain-Bel; quant aux minerais de rebut, ceux employés spécialement pour fabriquer l'acide sulfurique, ils ne présentent pas de différence dans leur nature, ils sont identiques. — En second lieu, la présence d'une forte proportion de sulfure de zinc dans ces minerais, bien loin d'être un désavantage, serait au contraire une nouvelle source de bénéfice; car le sulfate de zinc des eaux mères, décomposé par la chaux, donnerait de l'oxyde de zinc, d'où l'on retirerait, avec peu de frais, du zinc métallique. — MM. Perret comptent bien extraire ce métal des liqueurs provenant de la cémentation, comme le prouve le passage suivant du rapport au Conseil de salubrité :

« Un grand parti pourra être ultérieurement tiré des liqueurs de
« ce résidu, par l'extraction du zinc que la pyrite de Chessy ren-
« ferme souvent en très-grande quantité (celle seulement du filon
« *Sainte-Anne*), et l'on peut prévoir que le moment n'est pas
« éloigné, où des minerais dédaignés, laissés jusqu'à présent
« comme rebut, seront triplement utilisés pour la fabrication du

« soufre, du cuivre et du zinc. » Après cette déclaration, qui a été extraite par le rapporteur du mémoire soumis au Conseil par MM. Perret, à l'appui de leur demande, nous pensons qu'on ne soulèvera plus l'objection que le minerai de rebut à Chessy serait plus pauvre en soufre que celui de Sain-Bel; car si cela était en effet, il fournirait du zinc en proportion relative à la blende ou sulfure zincique qu'il contiendrait; produit qui serait bien plus important et plus lucratif que le soufre.

En résumé, l'Etat ne gagnera rien relativement à la production du cuivre et à l'utilisation du soufre des pyrites, en accordant l'autorisation demandée par MM. Perret, et la vallée de l'Azergue y perdra certainement beaucoup. — Quant aux demandeurs, ils gagneraient davantage en exploitant leur minerai à Chessy; mais ils feront encore de très-beaux bénéfices, en établissant cette exploitation dans un lieu moins favorisé de la nature, moins riche et moins populeux que la vallée de l'Azergue. Ce qui se passe depuis dix ans à Perrache, ne peut laisser l'ombre d'un doute à cet égard.

Quant aux avantages de griller la pyrite sur les lieux, de fabriquer l'acide sulfurique à Chessy même, ils sont plus apparents que réels : si l'on gagne en effet, dans ce cas, le prix du transport de la pyrite, indépendamment du soufre qui forme en totalité un bénéfice pour la fabrication à Perrache, on aura par contre à payer le prix de transport de l'acide sulfurique produit pour le commerce, et cet acide représente *trois fois* le poids du soufre brûlé et acidifié. Il faudra en outre transporter à Chessy le charbon nécessaire à la concentration de l'acide. Si l'on ajoute à cela que MM. Perret seront sans aucun doute obligés de soutenir des procès presque continuels, de payer de nombreuses indemnités à leurs voisins les plus rapprochés, eux qui ne possèdent rien en terres cultivées autour de leur terrain d'exploitation, on verra, comme nous l'avançons, qu'ils n'auront pas plus d'avantages à fabriquer à Chessy que dans une localité stérile mais un peu éloignée : localité où ils pourront en outre donner à leur industrie toute l'extension que réclameront leurs intérêts, car ils n'y trouveront de limites, que celles de leur propre volonté.

Cette dernière considération prouve d'ailleurs que l'Etat lui-même est intéressé, vu la plus grande production de cuivre qui en résultera, à ce que les demandeurs soient forcés de fixer leur établissement dans un lieu où ils ne pourront nuire à personne. — En adoptant par exemple les proportions réclamées pour les chambres de plomb, proportions, nous le répétons, 5 ou 6 fois plus grandes que celles de Perrache, ils pourraient annuellement opérer sur 10 à 12 millions de kilogrammes de minerai pauvre, et produire en minimum 100 à 120,000 kilogrammes de cuivre, (quantité à peu près égale à celle fournie par les anciens concessionnaires).

Dans un pays stérile, où rien ne s'opposera à l'extension de leur industrie, ils quadrupleront, ils décupleront peut-être leur fabrication d'acide sulfurique, et secondairement la production du cuivre : les grands avantages qu'ils trouvent dans cette fabrication ne peuvent laisser de doute sur les efforts qu'ils feront pour la pousser jusqu'aux limites du possible.

5° L'établissement de la fabrique de MM. Perret à Chessy, sera-t-il, comme on l'a dit, pour ce pays, une amélioration réelle et non une nouvelle cause d'incommodité et d'insalubrité?

Serait-il vrai, comme on l'a prétendu, que l'établissement à Chessy de la fabrique *quintuplée* ou *sextuplée* de Perrache, doive être considérée par les habitants de la vallée de l'Azergue comme une sorte d'amélioration, comme un progrès bien réel, relativement aux inconvénients du mode d'exploiter le cuivre, pratiqué jusqu'à ce jour par les anciens concessionnaires?

Avons-nous besoin de répondre, d'après ce qu'on vient de lire, que c'est là une véritable dérision.

Sans doute, comme le dit le Conseil de salubrité, « une véritable « servitude pèse sur les environs immédiats de la mine, par suite « du fait même de la concession et du mode de traitement pra- « tiqué pendant de longues années. » Mais cette servitude cesserait-elle d'exister ou du moins serait-elle rendue moins onéreuse par la mise en activité de l'usine projetée par MM. Perret? — Nullement. — A une cause de graves dommages pour le pays, les demandeurs en ajouteraient une autre plus fâcheuse encore, et voilà tout : ce n'est donc pas une *amélioration*, mais une *aggravation* bien réelle, qui résulterait pour les habitants de Chessy et pour la vallée de l'Azergue en général, de la concession par l'autorité du droit exorbitant d'y fabriquer de l'acide sulfurique.

L'exactitude de ce fait est facile à démontrer.

Sous l'empire de l'ancienne concession, où les habitants de Chessy et de la vallée de l'Azergue se trouvent encore placés, quel est le droit des concessionnaires et par conséquent de MM. Perret ; quelle est la servitude qui pèse sur le pays? — L'acte de concession s'exprime ainsi à cet égard :

« Cette concession est accordée à la charge par les concessionnaires de ne pouvoir, relativement à l'exploitation des mines de cuivre et de vitriol, situées à Chessy, *établir de grands grillages et soufreries* pour griller le minerai premier, que depuis le premier brumaire jusqu'au premier germinal de chaque année seulement. »

Ainsi, les habitants de Chessy et de la vallée de l'Azergue n'ont réellement à supporter, tant que MM. Perret n'auront pu obtenir la nouvelle autorisation sollicitée par eux, que les grands grillages *pendant les six mois d'hiver seulement* ; plus, le traitement des mattes qui n'a pas des inconvénients bien réels, vu la longue durée et le dégagement insensible des vapeurs sulfureuses, qui résulte de ce long traitement ; vu aussi que la petite quantité de soufre qui se trouve encore dans ces mattes après les grillages, reste en grande partie à *l'état de sulfure dans les scories.*

Si donc il s'agissait tout simplement de *substituer* à l'état de choses actuel, l'établissement de la fabrique monstre d'acide sulfurique projetée, les habitants de la vallée de l'Azergue verraient-ils une amélioration dans cette substitution? Non, certainement ; car ils savent où s'arrête l'action délétère des vapeurs dégagées par les grands grillages, et leurs effets sont bien loin d'égaler les ravages produits par la fabrique de Perrache ; or, que n'auraient-ils pas à redouter d'une semblable fabrique, quand elle serait quintuplée ou sextuplée !

Sans compter encore, qu'avec la fabrique d'acide sulfurique, ils auraient, en outre de l'inconvénient des émanations acides, celui du déversement journalier dans l'Azergue des eaux vitrioliques corrosives de cette fabrique.

Mais d'ailleurs il ne s'agit pas ici d'une *simple substitution* d'un traitement à un autre, il s'agit d'ajouter à une opération déjà fâcheuse pour le pays, une opération bien plus dangereuse encore MM. Perret ont le droit en effet de continuer les grands grillages, et l'on ne peut les dépouiller de ce droit, dont ils déclarent, du reste, qu'ils ne veulent pas se dessaisir (1). — Ce droit, d'ailleurs, ils n'ont cessé de l'exercer, et même avec plus d'activité que les anciens propriétaires de la mine, depuis la demande qu'ils ont faite d'une concession additionnelle à la concession ancienne.

Voilà qui est positif, certain, irrécusable : il ne s'agit pas seulement d'améliorer l'état de choses actuel, mais au contraire de l'aggraver considérablement.

La majorité du Conseil de salubrité, malgré ses dispositions débonnaires à l'égard de la fabrication de l'acide sulfurique, n'a pu s'empêcher de voir qu'en accordant la concession demandée, il y aurait aggravation considérable aux charges imposées aux habitants par l'ancienne concession, et dans le but d'y remédier, elle a adopté dans ses conclusions la disposition suivante : « Il serait interdit aux

---

(1) MM. Perret en effet ont un très-grand intérêt à ne pas se dessaisir de ce droit, car ils pourront traiter les minerais riches par l'ancien procédé; les minerais pauvres déjà extraits pourraient suffire pendant de longues années à l'alimentation de la plus vaste fabrique d'acide sulfurique qui se puisse imaginer.

« demandeurs de faire marcher simultanément les deux modes de
« traitement de la pyrite, ou plus explicitement les grillages des
« minerais et des mattes à l'air libre et en vases clos. »

Mais qui n'aperçoit que cette disposition adoptée dans l'intérêt des habitants, n'est en réalité qu'un véritable leurre! — Supposons, en effet, qu'elle soit admise, voici ce qui arrivera : durant les six mois d'hiver on pratiquera comme par le passé les grands grillages et le traitement des mattes; puis le printemps venu, puis la végétation en pleine vigueur, et pendant tout le temps qu'elle durera, c'est-à-dire durant les six mois d'été, saison où les habitants de la vallée de l'Azergue étaient débarrassés des émanations des grillages, *on se bornera* à fabriquer de l'acide sulfurique et à extraire du cuivre des pyrites grillées, c'est-à-dire à répandre continuellement dans l'atmosphère des torrents de vapeurs acides, et dans la rivière d'Azergue des ruisseaux d'eaux vitrioliques et corrosives.

Voilà cependant tout le bénéfice que tireront les habitants de Chessy et les riverains de l'Azergue des dispositions restrictives adoptées par le Conseil de salubrité. — Vraiment, n'auront-ils pas lieu d'en être bien reconnaissants?

Ainsi, comme nous l'avons d'abord posé en principe, il est démontré, il est avéré, il est incontestable que la concession additionnelle sollicitée par MM. Perret, loin d'amener une amélioration de l'ancien état de choses, ajouterait une aggravation considérable, aux inconvénients déjà beaucoup trop graves, imposés par le fait de l'ancienne concession, aux habitants de Chessy et aux propriétaires des autres communes de la vallée de l'Azergue.

RÉSUMÉ ET CONCLUSION.

De tout ce qui précède, il résulte principalement :

Que la vallée de l'Azergue est une des plus pittoresques, des plus riches et des plus fertiles parties du département du Rhône ;

Que le bourg de Chessy est entouré, dans un rayon de 5 kilomètres, de dix communes, dont la population réunie à la sienne, forme un effectif de plus de dix mille habitants, propriétaires pour la plupart, et qui vivent généralement dans l'aisance au milieu de la belle contrée agricole que baigne la rivière de l'Azergue ;

Qu'on ne pouvait, en conséquence, de l'avis même du Conseil de salubrité, trouver une localité moins convenable pour y établir une vaste fabrique d'acides minéraux et autres produits chimiques ;

Que la disposition des lieux, en s'opposant à la diffusion des vapeurs dans l'atmosphère, ajouterait encore aux graves inconvénients qu'auraient pour ce pays essentiellement agricole, et pour la santé de ses habitants, les émanations corrosives d'une fabrique de produits chimiques ;

Qu'une vaste fabrique d'acides minéraux et de produits chimiques émettant continuellement des vapeurs irritantes et corrosives dans l'atmosphère, serait comme le dit encore le Conseil de salubrité, un VÉRITABLE FLÉAU pour la vallée de l'Azergue, et qu'un semblable établissement ne peut être toléré au milieu d'une contrée aussi riche et aussi fertile ;

Que la commune de Chessy particulièrement, qui n'est éloignée des mines que par la distance d'un kilomètre, aurait beaucoup à souffrir, comme cause grave d'incommodité et d'insalubrité, de l'établissement de la fabrique projetée par MM. Perret ;

Que cette fabrique, par ses émanations corrosives, pourrait compromettre plus ou moins gravement la santé des habitants de cette commune, mais qu'elle y rendrait impossible la fabrication des étoffes de soie, fabrication qui y a pris déjà une extension remarquable ;

Que le Conseil de salubrité a fait preuve de sagesse et de prudence, en repoussant la demande de MM. Perret relativement à la fabrication de l'acide chlorhydrique, *même en vases clos*, du sulfate de soude, de la soude artificielle, de l'acide nitrique et du chlorure de chaux ;

Que ce Conseil a été moins bien inspiré, quand sa majorité a admis qu'on pouvait autoriser MM. Perret à élever sur la commune de Chessy une fabrique d'acide sulfurique par le grillages des pyrites, sous prétexte qu'il y avait pour cela un *motif valable*, la nécessité de cet acide pour la production du cuivre, d'après le procédé de MM. Perret ;

Qu'il ne saurait y avoir de motif valable pour faire ce qui ne doit pas être fait *à priori*, c'est-à-dire pour blesser la justice, pour nuire aux intérêts et à la santé d'une nombreuse population ;

Que la fabrication de l'acide sulfurique par les procédés ordinaires est une fabrication insalubre et incommode au premier chef, bien plus dangereuse surtout que celle de l'acide chlorhydrique ou muriatique en vases clos;

Qu'il ne saurait y avoir de motif valable d'établir une semblable fabrique à Chessy;

Qu'il est beaucoup moins convenable encore de laisser introduire dans cette localité la fabrication de l'acide sulfurique par le procédé de MM. Perret;

Que cette fabrication, comme le prouvent les ravages qu'a produits l'usine de Perrache, émet dans l'atmosphère des torrents de vapeurs corrosives, par la raison surtout qu'en brûlant les pyrites, il est beaucoup moins facile de condenser la totalité de l'acide sulfureux produit, que lorsqu'on brûle seulement du soufre brut, comme dans la généralité des fabriques ordinaires d'acide sulfurique;

Que cette fabrication est encore plus dangereuse que ces dernières, en ce qu'elle donne lieu à l'émission dans l'air de vapeurs arsénicales;

Que la fabrique projetée à Chessy, cinq ou six fois plus considérable que celle de Perrache, porterait à une distance beaucoup plus étendue que celle-ci les vapeurs acides qui en résulteraient, produirait par conséquent beaucoup plus de ravages encore, et ne manquerait pas surtout d'exercer une influence funeste sur la commune de Chessy;

Que cette fabrique aurait encore de plus que les fabriques ordinaires, par l'effet du traitement des pyrites grillées pour en retirer le cuivre, l'inconvénient très-grave de déverser journellement dans l'Azergue des eaux métalliques et corrosives, lesquelles deviendraient, surtout pendant la saison d'été, où l'eau est rare dans cette rivière, une cause de stérilité pour les prairies qu'elle arrose, et de mort pour les bestiaux qui viendraient s'y abreuver ;

Que cette influence funeste des eaux corrosives de la fabrique de MM. Perret serait un véritable fléau pour les nombreuses communes de la vallée situées entre Chessy et l'embouchure de l'Azergue dans la Saône, communes qui possèdent de riches prairies tout le long du cours de cette rivière ;

Qu'on ne saurait compter sur la promesse de MM. Perret de précipiter par la chaux les oxydes métalliques de ces eaux corrosives, car ils n'auraient pas généralement d'intérêt à pratiquer cette opération, et qu'il serait d'ailleurs impossible de les forcer à remplir cette condition, si elle leur était imposée ;

Que l'exemple de ce qui se passe à Perrache et les antécédents des propriétaires de cette usine, prouvent qu'il ne saurait y avoir de garantie pour les propriétaires de la vallée de l'Azergue, de la mise à exécution de ce moyen de purifier les eaux métalliques de la fabrique de MM. Perret ;

Que même avant d'avoir obtenu l'autorisation qu'ils sollicitent, ces fabricants déversaient déjà continuellement dans l'Azergue des eaux métalliques qui ont nui aux prairies de la commune de Châtillon et fait périr quelques bestiaux. — Qu'un rapport fait par un professeur de chimie de Lyon, constate en effet que des eaux sortant de la fabrique de MM. Perret et recueillies par M. le Maire de Chessy contenaient une forte proportion de sels métalliques et n'avaient pas été neutralisées par la chaux ;

Qu'indépendamment de ces graves motifs pour éloigner de Chessy et de la vallée de l'Azergue la fabrique de MM. Perret, il n'y a véritablement pas de motif valable pour l'y admettre ; car la production du cuivre en France, considérée comme telle, n'est nullement intéressée à ce qu'on autorise l'établissement de la fabrique de MM. Perret dans cette localité si intéressante sous le rapport agricole ;

Que MM. Perret peuvent en effet établir leur usine dans une localité stérile, et y traiter même les minerais de rebut ; car depuis dix ans ils traitent à Perrache, avec un succès qu'eux-mêmes sont les premiers à reconnaître, des minerais pauvres de Sain-Bel transportés par terre à une distance d'environ 50 kilomètres ;

Que les minerais pauvres de Chessy sont identiques à ceux de Sain-Bel, et peuvent être transportés dans une localité éloignée (en profitant de la Saône et du Rhône), où leur traitement ne sera pas moins avantageux que celui des minerais pauvres de Sain-Bel ne l'est à Perrache ;

Qu'en définitive, la non autorisation de la fabrique de MM. Perret, n'empêchera pas qu'ils ne continuent l'exploitation des minerais soit riches soit pauvres de Chessy et de Sain-Bel : le succès de leur établissement de Perrache et leur propre intérêt étant à cet égard une garantie certaine du zèle qu'ils apporteront non seulement à accroître mais encore à étendre leur fabrication jusqu'aux limites du possible ;

Qu'en conséquence, l'Etat n'est nullement intéressé à blesser les intérêts des habitants de la vallée de l'Azergue pour s'assurer la continuation de la production du cuivre en France, car cette production ne peut cesser, et qu'il lui importe fort peu d'ailleurs qu'elle soit opérée dans une localité plutôt que dans une autre ;

Que l'Etat gagnera, au contraire, en forçant MM. Perret à s'établir dans une localité stérile, par la plus grande extension qu'il sera possible de donner alors à la production du cuivre;

Qu'il y a dérision, dans tous les cas, à prétendre que la fabrique de MM. Perret serait une amélioration de l'état de choses actuel, car il est évident qu'aux inconvénients de l'ancienne exploitation, MM. Perret joindraient ceux de leur fabrication colossale d'acide sulfurique;

Qu'enfin la restriction imposée par le Conseil de salubrité de ne pas pratiquer en même temps les grands grillages et la fabrication de l'acide sulfurique est illusoire; car les grillages continueraient à être pratiqués l'hiver, ce qui permettrait de fabriquer l'acide sulfurique durant toute la belle saison, temps pendant lequel on ne permet même pas dans la vallée de l'Azergue de fabriquer de la chaux.

Par tous ces motifs, fondés, comme on l'a vu, sur des faits bien réels, les habitants et propriétaires de la vallée de l'Azergue ne peuvent douter que l'autorité ne prenne en considération leur opposition formelle contre la demande de MM. Perret; opposition trop bien justifiée par la nature de leur usine et par leurs antécédents; opposition *unanime* de dix-neuf communes qui attendent avec anxiété, comme un arrêt de vie ou de mort, la décision qui doit les délivrer de leurs craintes, ou porter l'atteinte la plus grave à leur état de prospérité croissante.

Chessy, novembre 1844.

www.ingramcontent.com/pod-product-compliance
Lightning Source LLC
LaVergne TN
LVHW021722080426
835510LV00010B/1103